PERDONO

PERO NO

OLVIDO

PAPÁ JAIME

JAIME JARAMILLO

PERDONO

HAZ QUE LA PAZ INTERIOR

PERO NO

SEA TU PRIORIDAD

OLVIDO

AGUILAR

Título original: *Perdono pero no olvido*
Primera edición: agosto de 2021

© 2021, Jaime Jaramillo
© 2021, Penguin Random House Grupo Editorial, S.A.S.
Carrera 7 # 75-51, piso 7, Bogotá
PBX (57-1) 743-0700
© 2021, Penguin Random House Grupo Editorial USA, LLC.
8950 SW 74th Court, Suite 2010
Miami, FL 33156

Diseño de las páginas interiores: Patricia Martínez Linares

Impreso en Estados Unidos - *Printed in USA*

ISBN: 978-1-64473-455-1

21 22 23 24 25   10 9 8 7 6 5 4 3 2 1

Contenido

Introducción

He visto, a través de los años, mucho dolor, angustia y sufrimiento en miles de personas que han perdido su paz por cosas que en el presente ya no existen, porque simplemente fueron acontecimientos o sucesos del pasado que los dejaron marcados de manera negativa, por lo que constantemente los están trayendo a través del pensamiento hacia el presente y los vuelven a sentir. Este patrón de comportamiento, que está impregnado en la inconsciencia del ser humano, ha despertado desde hace muchos años una gran curiosidad en mí, por lo que me he propuesto, desde hace más de cuarenta años, estudiar lo que sucede dentro de nuestra mente y nuestro corazón, para tratar de entender por qué no podemos deshacernos de esos sentimientos y emociones negativos que se desatan en nuestro presente por cosas que sucedieron en el pasado. La gran mayoría de personas traen de regreso estos hechos con el pensamiento, vuelven a sentir todo el dolor, convirtiendo esto en un hábito que se puede transformar fácilmente en una guía diaria de dolor, rencor y resentimiento.

Si hoy estás sintiendo una herida en el fondo de tu alma, si estás sintiendo que la tranquilidad, la paz y la alegría han desaparecido de tu vida y te sientes totalmente aburrido, quizás sin ganas de vivir, y has buscado soluciones en las religiones, los cultos, libros de autoayuda, etcétera, pero a pesar de todo lo que has hecho sigues sintiendo el mismo dolor, el mismo sufrimiento persistente que con cualquier situación se detona, y te revientas, debes comenzar a realizar un proceso de perdón verdadero para sanar las heridas de tu alma.

Las personas que te rodean te pueden dar muchas ideas para perdonar y te pueden decir y recordar frases de cajón como "perdonar es dejar ir y olvidar", "perdonar es renunciar a la culpa", o "perdonar es un regalo que te das a ti mismo". Incluso otros más evolucionados te podrán haber dicho que no tienes nada que perdonar, porque eres tú quien ha dejado que esos actos de los demás te afecten. Pero la gran verdad es que sientes una gran frustración e impotencia porque el dolor persiste y los pensamientos destructivos cada vez son peores. Y tu eterna pregunta es: ¿si el perdón es tan poderoso para mi sanación, qué debo hacer para perdonar realmente y para que esos pensamientos, emociones y sentimientos cáusticos, venenosos y destructivos dejen de existir y no afecten mi salud física y mental?

Quiero decirte que, a pesar de esa frustración, y aunque te estés sintiendo mal, hoy tienes una gran oportunidad de recibir una nueva información que te va a ayudar de manera instantánea en tu proceso de sanación. Para que esta información que vas a recibir realmente llegue, te sirva y la puedas aplicar a tu vida, debes conectar tu mente con tu corazón y estar dispuesto a probar nuevas opciones en tu vida.

Disponte entonces a recibir toda esta información que te va a ayudar a sanar de verdad y a soltar ese dolor y ese rencor que no te deja en paz. Procesa la información, analiza qué sientes, qué te sirve, y comienza a ponerla en práctica.

Capítulo 1
Efectos de los pensamientos negativos en el cuerpo

....

La mente

es la única entidad

gobernante

del cuerpo

¿**A**lguna vez te has preguntado cómo llegan a influir los pensamientos que tienes en tu cuerpo y en tu salud? La verdad es que nunca nos enseñaron la gran importancia que este tema tiene en nuestra vida, por lo que la gran mayoría de personas no les prestan atención a los pensamientos que pasan por su mente, lo que hace que fácilmente se dejen llevar por la angustia, el estrés, los rencores, los resentimientos y las envidias, permitiendo que muchas situaciones las desgasten y les generen pensamientos y emociones negativos.

Cuando se crea un pensamiento negativo, inmediatamente se tienen unas reacciones físicas, ya que esos pensamientos y emociones que se derivan crean una reacción bioquímica en el cerebro que envía señales al resto del cuerpo. Es por esto que los pensamientos negativos pueden generar molestias físicas, haciendo que la salud se vea afectada.

Lo más maravilloso, aunque muchas personas no lo crean, es que tenemos la capacidad, una vez la descubramos y entrenemos nuestro cerebro, de definir cómo queremos ver las situaciones que pasan por nuestra vida, definiendo lo bueno y lo malo de eso que sucede, lo que nos convierte en responsables de la connotación positiva o negativa que queramos darle a cada cosa que nos ocurre cada día.

Entonces, para aprender a manejar los más de 70.000 pensamientos diarios en promedio que tenemos, los cuales en su mayoría son repetitivos, negativos y destructivos, debemos comenzar a entrenar nuestra mente a través del hábito de la focalización y la atención plena, lo que nos ayudará a tener consciencia de esos pensamientos y, así, lograr que ellos no nos perturben, ni interfieran negativamente en nuestro estado emocional, y que tampoco afecten nuestra salud.

El virus letal del rencor y el resentimiento

El rencor deforma tu percepción de la realidad

Hace varios años enfrenté uno de los mayores sustos que la vida me ha dado, cuando el peligro de muerte me mostró con lujo de detalles, una vez más, nuestra fragilidad, y entonces entendí que nuestra supuesta seguridad, a la que tanto nos aferramos, con la que tanto nos desgastamos, y a la que por todos los medios posibles queremos tener bajo nuestro control, no existe, es una ilusión pasajera, porque tarde o temprano partiremos a la eternidad. Después de ese día, solo puedo darle gracias infinitas a Dios por haberle dado a mi hija Alejandra una nueva oportunidad de vida.

Ella nunca imaginó al levantarse que en aquel día soleado, tranquilo y hermoso podría llegar a suceder aquello que solo estaba acostumbrada a ver en películas de terror, donde lo único que se nos ocurre pensar, es que gracias a Dios no somos los protagonistas. Pero ese día, que quedará guardado dentro de sus recuerdos por siempre, como la pesadilla que nunca debió haber sucedido, le mostró que todos somos vulnerables y podemos ser fácilmente víctimas de la maldad, fruto de la inconsciencia del ser humano.

Mientras Alejandra vivía esta pesadilla, yo me encontraba disfrutando de una de mis sesiones de meditación, y nunca imaginé que ella estaba siendo presa de un ataque vil y aterrador, donde no solo la amarraron, golpearon y amordazaron, sino que le hicieron cuatro heridas con un cuchillo de sierra en su cara, cuello, mano y pierna derecha, mientras estaba mostrando una de las casas de nuestra fundación Niños de los Andes a unas personas que aparentaban estar muy interesadas en comprarla. Los atacantes, al final, la dejaron muy herida y golpeada, encerrada en un cuarto de la casa, mientras abandonaban con rapidez el lugar, robándose su carro y todas sus pertenencias.

Físicamente impedida y aún llena de miedo de pensar que los asaltantes podían regresar, se arrastró con un gran esfuerzo durante 15 minutos hasta lograr llegar a la puerta principal de la casa, y por un vidrio roto comenzó a tratar de gritar para que alguien la ayudara. Las personas que pasaban por allí la podían ver arrodillada, amordazada e indefensa, pero llenas de miedo, e indiferentes, seguían de largo. Por fin, solo un vecino se apiadó y llamó a la Policía, la rescataron del lugar y la llevaron en la patrulla hasta una de las sedes de la Fundación.

Cuando escuché por el teléfono la voz entrecortada y temblorosa de mi hija, pero en medio de todo calmada, para no matarme del susto, explicándome que la habían atacado, que estaba herida, sangrando en exceso y le habían robado el carro, salí de inmediato a interceptarla en el camino para llevarla hasta la clínica. Yo trataba de llegar a su encuentro, pensando solo en cuánto tiempo iba a durar sin desangrarse y esperando encontrarla con vida. En ese momento, llegaron a mí miles de pensamientos, imaginando si su carita iba a estar desfigurada, si podría quedar inválida, si su espíritu se iba a arrugar después de esto; en fin, fueron instantes salvajes, donde cada vez que hablaba con ella solo me preguntaba dónde iba, cuánto me faltaba para llegar, y yo, metido en el tráfico infernal de Bogotá, solo acataba decirle que ya estaba llegando, ¡que resistiera!

Al fin llegamos a la Clínica del Country, en el norte de la ciudad, donde le hicieron las respectivas curaciones antes de entrar a sus cirugías plásticas en la cara, el cuello, la mano y la pierna derecha.

Cuando observaba a mi niña retorcerse del dolor en urgencias, experimenté un sentimiento frustrante de impotencia, al entender que no había nada que yo pudiera hacer por ella, solo le podía dar gracias a Dios por haberme permitido estar allí y ver que aquellos seres tan oscuros no pudieron apagar la vida de esta hermosa mujer de 28 años, que estaba llena de sueños e ilusiones. Y mientras la acompañaba, le preguntaba a Dios y reflexionaba hacia mi interior: ¿por qué le pasó esto a ella y no a mí? ¿Por qué, si toda mi vida la he dedicado a ayudar de manera incondicional a todos estos seres que viven en la oscuridad —y también mi hija estaba en ese mismo camino de solidaridad y ayuda—, nos tenía que pasar esto? ¿Por qué trataban de truncarle sus sueños? ¿Qué tenemos que aprender de esta lección? ¿Cómo lograríamos perdonar y recordar sin rencor este día y a quienes la atacaron sin compasión ni misericordia?

En esos momentos enfrenté una lucha interior muy grande porque, por un lado, sentía que ellos debían pagar y sufrir implacablemente por el crimen que habían cometido contra mi hija; pero, por otro lado, sentía que eran seres que estaban en la oscuridad, seres a los que yo siempre había elegido ayudar a que encontraran la luz, a pesar de sus fechorías, por lo que no podía atacarlos o vengarme. En esta lucha interior permanecí mucho tiempo: escuchaba una voz que me decía que dejara de ayudar a los demás, que no valía la pena continuar ayudando a tantos seres que estaban en la oscuridad, que había desperdiciado más de cuarenta años de mi vida en una misión que no tenía sentido; otra voz me decía que esto era una señal divina, un indicador de que debía seguir luchando por todos esos seres que están viviendo en la oscuridad, para que otras personas no tuvieran que sufrir en carne propia el dolor que mi hija y yo estábamos experimentando.

Por fin, días después del incidente, llegó una prueba máxima, cuando recibí una llamada de personas que vivían en las calles de Bogotá, a quienes en el pasado yo había ayudado, que me dijeron: "Papá Jaime, tenemos localizada y emboscada a la banda que le hizo daño a su hija. ¿Qué quiere que hagamos con ellos? ¿Los maltratamos, los torturamos, aplicamos justicia para que tengan su escarmiento?". En ese momento mi corazón se iluminó milagrosamente con la llama del entendimiento y el amor, y les dije: "Condúzcanlos a la estación de policía más cercana, para que la justicia ordinaria colombiana se encargue de ellos. No les causen daño, simplemente hagan todo el procedimiento para que los jueces y la justicia se hagan cargo". En ese instante, comprendí que ya el pasado no lo podía cambiar y que todo lo que había sucedido traía un gran aprendizaje para mi hija y para mí, pero sí podía transformar alegremente mi presente y mi futuro. Fue así como estos criminales entraron a la cárcel y allí están pagando su pena.

Cuando entendí que la resistencia que tenía a aceptar ese acontecimiento, que ya había pasado, era lo que me hacía sufrir, logré entender, comprender y liberar la culpa y el rencor y alinearme con el flujo vital y amoroso de la vida. Fue así como encontré la respuesta al para qué había sucedido este ataque, y entendí que fue una prueba más en nuestro camino, para poder evolucionar y trascender el miedo, el rencor, el resentimiento y la ira.

Hoy le doy gracias a Dios porque aún tengo el privilegio de poder ver esa chispa divina e inocente en los ojos de mi hija; la fortuna de poder ver su sonrisa pura, descomplicada y amorosa; la alegría de poderla mirar a los ojos y decirle cuánto la amo, y la oportunidad de poder darle una voz de aliento para que, a pesar de que hayan querido acallar su voz y extinguir el fuego de la pasión por la vida y el servicio incondicional a los demás, continúe su camino, y, a través del amor y del perdón, logre que las huellas rencorosas de ese puñal asesino que quedarán marcadas en su cuerpo por el resto de su vida puedan ser borradas de su mente y de su espíritu para siempre.

Así como a mí me sucedió esto, y muchos otros acontecimientos profundamente impactantes y dolorosos, imagino que a ti también te han sucedido cosas inesperadas en tu vida que han dejado cicatrices indelebles en tu alma que no has sabido liberar. Por eso, hoy te pregunto a ti: ¿qué acontecimientos dolorosos sucedieron en tu pasado que no has podido dejar de lado y que quizás te atormentan de manera frecuente? ¿Son cosas que puedes cambiar? ¿Si no las puedes cambiar, porque no dependen de ti, no crees que ha llegado la hora de soltarlas?

Ante las circunstancias cambiantes de la vida, con todos sus altibajos y acontecimientos desagradables por los que tenemos que atravesar, siempre tendremos dos caminos: elegir desde el amor o desde el miedo; nos podemos llenar de resentimiento, rencor o afán de venganza y convertirnos en personas amargadas y frustradas, o podemos elegir recordar sin dolor ni odio, agradecer lo que sucedió porque fue una experiencia distinta en la vida y nos trajo una gran enseñanza. Además, entender que todo lo que nos pasa nos enseña algo nuevo, que no debemos resistirnos a nada, sino aceptar lo que llegue, porque aquello contra lo que luchamos persiste y nos debilita.

Infortunadamente, a nosotros no nos enseñaron a perdonar de verdad, a liberar la culpa, el rencor y el resentimiento por lo que nos sucedió en el pasado, sino que, por el contrario, nos han programado y contagiado con lo que yo llamo *el virus letal del rencor y el resentimiento*. Lo peor de este virus es que se enmascara de manera sutil y se camufla haciéndonos creer que los que están mal y los que tienen que cambiar son los demás, y que hay situaciones que suceden en la vida que no tienen perdón, que son totalmente injustas, y nos hacen creer que no estamos infectados por este virus, sino que somos inmunes. Y que el sufrimiento es parte natural de nuestra vida, que es lo que nos tocó vivir. Pero en nuestros actos y pensamientos inconscientes encontraremos que, muy encubierto, este virus desgastador y desestabilizador del rencor está presente.

Cuántas veces no has oído a tus amigos, y quizás a ti mismo, decir: "Yo no odio a nadie, no tengo rencores, ni resentimientos", "ya lo perdoné y ni me acuerdo de él", "no necesito perdonar nada ni tengo problemas con nadie", "los que tienen problemas, culpas y vergüenza son los otros, yo no", "mi expareja es la que necesita elaborar esa culpa". Si alguna vez has pensado que los que tienen el problema son los otros y les echas la culpa, muy probablemente el del problema en realidad seas tú.

Siempre he dicho que ante aquello que nos sucede debemos estar alertas para ver cómo ese suceso afecta nuestra vida. Es como cuando construyes una balsa para atravesar un río, ya que, después de haberlo cruzado, siempre tienes dos opciones: puedes agradecer a esa balsa por haberte ayudado, dejarla en la orilla para que alguien más la pueda usar y seguir tu camino; o puedes seguir cargando la balsa al hombro, a pesar de ya haber atravesado el río. Asimismo son las experiencias que has vivido hasta hoy; independientemente de si son buenas, regulares o malas, puedes soltarlas y dejarlas como una gran experiencia, o puedes elegir el dolor y el sufrimiento del pasado y seguir cargándolas, buscando a quién echarle la culpa por todas tus desgracias, desempeñando el papel de víctima o de verdugo.

¿De qué se alimentan el rencor y el resentimiento?

El rencor y el resentimiento se alimentan de muchas formas diferentes, día a día, siendo el pensamiento el protagonista; entre esas muchas formas están:

* Cuando algo desagradable sucede, el pensamiento se queda enganchado y no para de darle vueltas a lo sucedido, dándole vida a la escena que ocurrió en el pasado, visualizando constantemente aquella situación. Lo único que le falta a la gente en esa película fantasiosa que están viviendo es que les den las palomitas de maíz y el refresco, que es lo que compran a la entrada del teatro.

* Cuando sucede algo que no nos gusta, nos preguntamos todo el tiempo el porqué del comportamiento de la otra persona, u otros interrogantes que no tienen respuesta, buscando siempre a quién echarle la culpa de lo sucedido y cómo justificar las actuaciones propias.

* Repitiendo y narrando de manera frecuente e incansable a los demás la historia de dolor que nos sucedió.

El resentimiento y la enfermedad

El resentimiento es una resistencia interior a aceptar lo que te sucedió

Hay frases que algunas personas mencionan que conllevan mucho rencor y que nublan con resentimiento y dolor su interior. Frases como "deseo que te pudras en el infierno, que recibas lo que te mereces", "te odio con todas las fuerzas de mi corazón", "¿por qué tuviste que aparecer en mi vida?", entre muchas otras, ya sean mencionadas en voz alta o no, provienen de pensamientos muy negativos y hacen mucho daño.

¿Te has puesto a pensar qué puede pasar dentro de ti si tienes este tipo de pensamientos, que están mezclados con esa emoción dañina, y los sostienes en el tiempo? ¿Cómo te sentirás a diario, porque estos sentimientos de odio hacia esa persona que sientes que te ha perjudicado los revives miles de veces? Cuando revives sensaciones de angustia, dolor y frustración diariamente durante años, te vas volviendo un esclavo del miedo, que va quedando en tu mente y en tu cuerpo. El rencor es el gran generador de las heridas del alma y se vuelve tóxico porque toda tu vida va a girar alrededor de esa persona con la que tuviste ese problema, te resientes y vuelves a experimentar el dolor, una y otra vez, al recordar lo que sucedió.

Estos sentimientos son válidos si los sientes a corto plazo, porque te recuerdan lo que pasó. Te sirven para defenderte de otro posible "ataque", o para alejarte de determinadas personas que pueden resultarte da-

25

ñinas. Pero transcurrido un tiempo, si estos sentimientos persisten con la misma intensidad y siguen siendo muy frecuentes, comenzarán a hacer una herida muy profunda en tu interior. A todo el mundo no le cicatrizan igual de rápido las heridas, ni las físicas ni las emocionales, ya que ese proceso depende de muchos factores: la profundidad de la herida, el tipo de relación que se tenía con la persona que tuviste el problema, el tipo de atención o apoyo recibido, entre otros. El rencor abre las heridas, las destapa, las mantiene vivas. El odio, la amargura, la envidia y la rabia son como la infección que se extiende por las paredes de nuestro organismo; y, cuando se les alimenta, pueden llegar a destruir la estructura biológica y emocional de nuestras células. Si no haces algo para eliminar ese rencor, y te limitas a sentirlo, taparlo, negarlo o dejarlo que se reproduzca sin control, prepárate porque lo somatizarás y un día la enfermedad llamará a tu puerta, con graves consecuencias porque el problema grande no es lo que te sucedió, sino la forma como lo procesas tóxicamente en tu mente y en tú corazón. Tú decides de qué te alimentas, y aunque inconscientemente creas que el sentimiento negativo lo descargas en la persona a la que le guardas ese resentimiento, en realidad el rencor es como una lombriz apestosa y babosa que solo recorre un camino en una dirección específica: tu corazón.

A nosotros nos enseñaron que la enfermedad viene de afuera, y se han tejido miles de creencias alrededor de la enfermedad, como las siguientes: si tenemos gripa es porque alguien nos contagió, porque no nos abrigamos en las noches al salir de casa, porque nos mojamos y nos dejamos la ropa puesta, porque caminamos con los pies descalzos; en fin, siempre hay un porqué de la enfermedad, que viene de afuera; y la realidad es que detrás de todas las enfermedades lo que por lo general hay es culpa, resentimiento, odio, miedo o envidia, por situaciones que han sucedido.

Todos los seres humanos, desde el más iluminado hasta el más oscuro, nos enfrentamos con miles de acontecimientos y situaciones que afrontar día a día, unos más duros que otros, que tenemos que aprender a manejar. Infortunadamente, en lugar de liberar el dolor, nos han programado para guardarlo en el corazón, que es el lugar más sagrado, y a darle tiempo y espacio para que se genere un resentimiento o un rencor. Cuando estamos inmersos en esa situación, empezando a hablar repetitiva e inconscientemente de eso que nos sucedió con todo el mundo, asumiendo un papel de víctima, no entendemos que cada vez que expresamos eso que sentimos, nuestra mente subconsciente ancla esa información en todo nuestro sistema nervioso central y neuronal, en especial en el hipocampo, desactivando nuestro sistema parasimpático, que es el que nos permite regenerarnos y disfrutar de una buena salud y de un bienestar integral.

Cuando tenemos un resentimiento o un rencor, nuestro cerebro inconsciente manda una señal a la amígdala cerebral, y esta de inmediato se pone en posición de defensa o ataque, liberando cortisol y adrenalina, y al persistir esa forma de pensar rencorosa, el cerebro se mantiene liberando esos químicos en nuestro flujo sanguíneo, lo que hace que el sistema inmunológico se baje al piso y nos enferme.

El resentimiento es una resistencia interior inconsciente a aceptar lo que te sucedió porque crees que no te lo merecías, o no estabas de acuerdo con las expectativas o creencias que tenías. El resentimiento es recrear inconscientemente en tu mente algo negativo que te sucedió en el pasado, trayendo ese acontecimiento con lujo de detalles al presente, visualizando o imaginando eso desagradable o traumático que te ocurrió, volviendo a sentir en el presente las mismas sensaciones, el mismo dolor, la misma ira y la misma tristeza que sentiste cuando eso sucedió. El rencor es la tendencia inconsciente que tenemos a reaccionar agrediendo, más que a actuar de manera amorosa. Si actuáramos desde el amor o desde la consciencia, no reaccionaríamos violenta e inconscientemente, sino que aceptaríamos y entenderíamos la situación y nos liberaríamos de la culpa. Y como si fuera poco, el resentimiento genera una adicción, lo que hace que muchas personas se indignen con frecuencia por todo lo que les sucede a su alrededor.

Todo el resentimiento, el rencor, la rabia, la tristeza y el sufrimiento, están solo en tu interior, en tu forma de pensar, no están en el exterior. Tu resentimiento no es porque otra persona te haya hecho algo malo, es porque tú lo quisiste guardar en tu corazón.

Tu gran desafío es encontrar tu paz interior, tu paz mental, para que tus emociones negativas puedan ser manejadas y liberadas, y conseguir el balance entre tu cuerpo y tu mente. Por eso, si quieres hacer un cambio drástico en tu vida, disfrutar de tu bienestar y de buena salud, revisa con transparencia y franqueza qué tipo de pensamientos negativos estás albergando y qué tipo de emociones estás sintiendo. Cuando cambias la forma de pensar, cambias la forma de sentir, tu emoción cambia y te liberas del bloqueo energético producido por el estrés fisiológico que se manifiesta como la enfermedad. La forma repetitiva, inconsciente, negativa y rencorosa de pensar en los sucesos te genera estrés fisiológico, y de ahí a enfermarte hay un solo paso.

Identificación de resentimientos

¿Qué es aquello que sucedió en tu pasado que no has logrado aceptar y te roba la paz? ¿Será algo relacionado con tu hijo, con tu pareja, con tu ex, con algo que te sucedió y te dolió mucho?

_____

_____

_____

_____

_____

Revisa tus creencias y tus pensamientos

La mente humana es un enigma y mientras no aprendamos a manejarla nos esclavizará

Para comenzar a entender en realidad cómo funcionan el rencor y el resentimiento, debemos revisar nuestras creencias y nuestros pensamientos. A diario tienes miles de pensamientos que llegan a tu mente, con los que te identificas, y, de acuerdo con esos pensamientos, empiezas a sentir y a comportarte. La gran mayoría de veces los estás dejando sueltos, porque no te han enseñado a manejarlos y te concentras, de manera inconsciente, en miles de cosas negativas que te pueden suceder. Cuando vives una situación que te quitó la paz y alguien hizo algo que no te gustó, los pensamientos se alborotan, comienzan a girar todo el tiempo de manera descontrolada alrededor de eso que sucedió, y de inmediato se generan un sentimiento y una emoción negativos.

A través de diferentes investigaciones se ha ido descubriendo y comprobando el hecho de que los tipos de pensamientos que una persona tiene liberan cierta química en el organismo, y cada emoción tiene una química particular. Cuando existe un acontecimiento que va en contra de lo que la persona quisiera, muchas veces se convierte en un trauma emocional (la muerte de un ser querido, un divorcio, una quiebra económica, una infidelidad, conflictos profundos con los hijos o la pareja, etcétera), y se genera una emoción que se manifiesta como dolor o sufrimiento. Esta emoción es el resultado de miles de neuropéptidos que revierten al flujo sanguíneo y circulan por todo el cuerpo. Cuando guardas inconscientemente esa emoción negativa en tu corazón, debido a ese golpe emocional que has tenido, y dejas que ella quede atrapada en el tiempo, esta se manifiesta en tu cuerpo, generando un bloqueo energético que viene a desembocar en una enfermedad.

La ciencia médica occidental ha considerado al ser humano como parte aislada de la naturaleza y no como parte integral de ella, razón por la cual trata los síntomas de la enfermedad, mas no la raíz real del problema, haciendo que el ser humano no se sienta partícipe de su propia sanación. Si, por el contrario, el ser humano comienza a entender que no es parte aislada del universo, sino que el universo está dentro de él, se abre un mundo de infinitas probabilidades a su sanación integral interior, y logra entender que las enfermedades son la manifestación física más clara de su forma errónea e inconsciente de pensar y de encontrarse separado de su esencia, que es el amor, generando ese bloqueo energético, que, además de estresarlo y robarle la tranquilidad, lo desgasta y lo enferma.

Muchas veces piensas mal, hablas mal, pero quieres que te vaya bien. Tienes que entender que el pensamiento es tan importante que, así como uno positivo te puede sanar, uno negativo te puede enfermar. Por eso es tan importante estar consciente de la forma en la cual estás pensando y definir cómo eso te está afectando. El cuerpo obedece lo que tú piensas y la mente genera un campo electromagnético invisible que da como resultado la enfermedad.

La mente suelta y dispersa genera depresión, y si nos concentramos inconscientemente en todas las cosas negativas, eso será lo que atraeremos a nuestra vida; por eso debes observar tu forma de pensar, hablar y actuar para que lo hagas desde el amor y no desde el miedo. Si piensas y hablas negativamente no puedes pretender que las cosas te salgan bien.

Cuando aprendes a escuchar en silencio la voz que emana de tu corazón, que es tu conciencia, y observas las señales inteligentes que las células de tu cuerpo te mandan todo el tiempo y las integras, encuentras el primer paso a la sanación interior y podrás liberarte de ese bloqueo energético y del estrés fisiológico (reacción que se produce en el organismo ante estímulos estresantes producidos por el miedo y que permanece en el tiempo), que son los que afectan de un modo directo tu sistema inmunológico.

Si observas con detenimiento, te darás cuenta de que la sabiduría de tu cuerpo es tan poderosa que este no te delega a ti funciones vitales como respirar, nutrir tu corazón y tu cuerpo con la circulación de tu sangre, procesar y hacer la digestión, o la transformación de los alimentos en energía y nutrientes. Esas y muchas otras más funciones las lleva a cabo tu cuerpo de manera automática, sin que tú lo percibas. Si estas funciones, por el contrario, dependieran de ti, estarías muerto. Lo único que sí depende de ti es encauzar el poder de sanarte y de agradecer conscientemente cada inhalación y cada instante que la vida te da.

Tu cuerpo tiene la capacidad de sanarse a sí mismo, y cuando le ayudas con tu mente consciente, visualizando tu propio cuerpo sano, tranquilo y alegre, generas, desde tu cerebro, una orden mental que tu cuerpo recibe y liberas automáticamente todos los neurotransmisores que te ayudarán a liberar toda la serotonina y las sustancias y endorfinas necesarias para que tu sistema nervioso se relaje y tonifique, haciendo que el estrés fisiológico desaparezca. Por eso debes aprender a querer tu cuerpo, ya que es un templo sagrado y divino donde habita tu ser, donde está Dios. Tu cuerpo siempre te mandará señales para que no abuses de él en la comida, en el ejercicio, en el trabajo o en cualquier otra actividad, pero la mente, que es fría, rígida y calculadora, te dispara siempre miles de pensamientos para que comas más de lo que debes, o no hagas deporte, o trabajes sin descanso; solo cuando aprendas a escuchar de verdad a tu cuerpo, te sorprenderás de ese milagro de la creación. Es entonces cuando entiendes que tu mente y tu cuerpo están totalmente conectados y que puedes sanarte, y entenderás que la solución a tus padecimientos y a la enfermedad se presenta cuando integras al cuerpo y la mente de manera armónica y balanceada.

La mente humana es un enigma, y mientras no aprendamos a manejarla, nos esclavizará y nos llevará a estados depresivos profundos de los que no podremos salir con facilidad. Al no tener control de ella, permaneceremos en un estado de inconsciencia, donde se encuentran el miedo, el dolor y el sufrimiento.

Identifica las creencias y los pensamientos diarios de rencor que han estado dando vueltas en tu mente y en tu ser, que te roban la paz y te quitan la alegría de vivir.

_____

_____

_____

_____

_____

_____

_____

Por qué nos angustiamos, desgastamos y sufrimos

Siempre que estés sufriendo es porque estás inconsciente y tienes miedo

Cuando crecí y comencé a tener la ilusión y el sueño de iniciar la Fundación Niños de los Andes sentí en muchas ocasiones una gran frustración y mucho dolor por todo lo que estaba viendo y viviendo.

Fueron muchos los días y las noches que estuve en la calle acompañando y llevando una voz de esperanza a tantos niños y niñas fruto del desamor y la indiferencia social. Pero nada me impactó tanto como una noche en que los escuadrones de la muerte (grupos de limpieza social, cuyo objetivo es limpiar las calles con violencia arrasando con la vida de todos los indigentes que deambulan sin techo), que acostumbraban a matar a sus víctimas a bala, cambiaron e implementaron una nueva técnica despiadada y salvaje, abriendo las tapas de las alcantarillas, donde se encontraban refugiados todos los niños, rociando gasolina y quemándolos vivos. Cuando me tocó presenciar este acto salvaje, que parecía sacado de un cuento de terror, experimenté un dolor muy profundo en mi alma. Aún recuerdo el olor penetrante de la carne quemada que sus cuerpos exhalaban y los gritos de dolor y desesperación al sentir que estaban siendo quemados vivos. Estos sucesos dejaron una gran huella y me marcaron al sentir la impotencia de ver que yo no podía cambiar el mundo ni las situaciones de violencia y maltrato cometidos en contra de estos niños y niñas que vivían en las alcantarillas y calles de Bogotá. Mi corazón se llenó de rabia, ira y dolor, y quería encontrar a toda costa a esos asesinos despiadados a quienes no les temblaban sus manos para hacer esa supuesta limpieza social, a cambio de unos cuantos pesos. Cuando denuncié ante las autoridades pertinentes y llevé estos sucesos al Parlamento europeo y a la prensa internacional, se me vinieron encima, no solo las familias de las personas que habían capturado por el delito cometido, sino la gente del común que empezó a acusarme de estar dañando la imagen de Colombia. Me costaba trabajo entender cómo Dios permitía que esto sucediera e inicié una lucha interior contra Él y le preguntaba dónde estaban su supuesta misericordia y el amor por los más humildes.

Siempre me he preguntado por qué el ser humano tiene dosis tan altas de sufrimiento y angustia en su interior, y si nos devolvemos en el tiempo, vemos que desde el comienzo de la humanidad, en su afán de sobrevivir, los seres humanos han tenido que enfrentarse a grandes situaciones que les han robado la paz, la tranquilidad y la alegría. En la antigüedad, cuando nuestros indígenas se tenían que enfrentar ante una situación peligrosa como cazar un animal para comérselo, se veían enfrentados al animal, y eso les generaba mucho estrés, angustia y miedo; pero después de cazarlo, regresaban felices, alegres y sonrientes con el animal en sus hombros, y el estrés desaparecía por completo de sus vidas y el cerebro volvía a su posición normal de tranquilidad.

El mundo fue evolucionando y, poco a poco, el bullicio, el acelere de la vida, la tecnología de punta, las redes sociales aparentadoras y manipuladoras, y el afán de tener, ostentar e impresionar a los demás empezaron a convertirse en la razón de vivir, en una manía de la que el ser humano no es consciente, ya que considera que así es como se debe vivir. Esta situación ha hecho que el cerebro, que antes, cuando se estresaba, volvía fácilmente a su modo de pasividad y tranquilidad, ya no lo haga y se mantenga en posición de defensa, parálisis o ataque constante, lo que genera el estrés fisiológico.

Al permanecer en este estado, se pierde la alegría de vivir y se empiezan a tener comportamientos neuróticos, agresivos y paranoicos. Al estar pendientes del qué dirán, de vivir una vida basada en el tener, más que en el ser; donde lo superficial es lo importante, comienzan a aflorar unos comportamientos que llevan al ser humano a permanecer en el miedo, y si no tiene consciencia de esto, el estrés será lo que reinará siempre en su vida.

En el estado de inconsciencia siempre estaremos tratando de cambiar a los demás y queriendo que ellos hagan lo que consideramos que deben hacer; estaremos realizando viajes al pasado, que nos encadenan, y también viajes al futuro, que nos agobian; entraremos a formar parte del colectivo y nos dejaremos contaminar del rencor colectivo, el cual viene del pasado e impulsa a que se ejecuten actos salvajes de todo tipo, donde lo importante es controlar la mente de los seres humanos para que apoyen guerras, lleven a cabo manifestaciones agresivas, actos de vandalismo, torturas, acepten dictaduras, se unan a sectas religiosas, entre miles de acciones que vemos todos los días en el mundo entero.

Capítulo 2
Qué es el perdón y su importancia en nuestra vida

....

Perdonar y pedir perdón,

más que actos de bondad,

son actos de inteligencia y

sabiduría porque te liberan

y te dan paz interior

Siempre hemos escuchado que para lograr deshacernos del rencor y del resentimiento la solución es perdonar, y que debemos hacerlo para poder seguir con nuestras vidas. En teoría, se supone que perdonar es un acto fácil y normal, pero en la realidad, el perdón ha sido un gran enigma y un desafío frustrante para la humanidad. Sobre el arte de perdonar se han dicho todo tipo de cosas, y todas las religiones y corrientes filosóficas y psicológicas tienen diferentes puntos de vista alrededor de este tema, y consejos para conseguirlo, pero sucede que el perdón es un proceso muchísimo más complejo de lo que nos muestran, es difícil de entender y de procesar, lo que lo convierte, además de esquivo, en una anhelada ilusión para el ser humano, ya que si se profundiza en el corazón de quienes quieren perdonar, lo cierto es que pocas veces lo consiguen de verdad.

Existen muchas teorías que suenan muy fáciles de llevar a la práctica, pero lo cierto es que este proceso interior, que le corresponde a cada persona, tiene muchas marañas y debe ser abordado en profundidad para que esas heridas que han quedado en el corazón por circunstancias determinadas, realmente puedan sanar y se pueda recuperar la paz interior, para que haya un perdón verdadero y no un perdón fingido y superficial. Muchas personas que dicen haber perdonado lo que en verdad hacen es solo un proceso mental, pero si vuelven a tener otro problema con esa persona a la que supuestamente perdonaron, el rencor aparece de nuevo, y, como por arte de magia, pierden la paz de manera instantánea. Esto quiere decir que el perdón verdadero no ha sido concedido, porque el verdadero perdón otorga paz a quien lo realiza.

Se dice que perdonar es liberarse del pasado, es romper el círculo de odio y la sed de venganza, es experimentar la verdadera libertad, es cuando la amargura y el dolor desaparecen, es tomar responsabilidad y el control de la vida, es aprender a soltar lo que pesa, disfrutar el momento y experimentar gratitud por la experiencia que se ha tenido, independiente de que sea buena o mala, es hacer las paces con el pasado para no echar a perder el futuro; en fin, el perdón puede ser muchas cosas y a la misma vez no ser nada. Porque este tema en teoría es fácil aprenderlo, pero en la práctica solo personas que logran trascender el dolor de una herida profunda propiciada en el pasado por otras personas, o por ciertas circunstancias, pueden decir desde lo más profundo de su ser que en realidad han perdonado.

La gran verdad acerca de este tema es que si no aprendemos a perdonar a los demás y a nosotros mismos, jamás en la vida podremos disfrutar de nuestra paz interior y ser plenamente felices. Y si revisamos nuestras relaciones con el resto del mundo, podemos ver que hay una realidad inmutable, y es que no podemos controlar el odio ni las críticas de los otros porque están fuera de nuestro alcance; solo podemos liberar el miedo, la culpa, la envidia y los resentimientos que tengamos en el corazón, y solo a través de la fuerza poderosa del amor, que todo lo sana, lograremos encontrar ese oasis de paz tan anhelado.

El perdón es, sin duda, la mejor medicina para nuestro cuerpo. Se ha demostrado que el perdón verdadero y profundo, cuando viene de nuestro corazón, reduce el estrés fisiológico, la tristeza, la ira, la frustración, la depresión y el deseo de venganza, y nos da una mayor sensación de alegría, paz, compasión, tranquilidad, entusiasmo y confianza en nosotros mismos.

El dolor tiene una razón externa y está basado en experiencias desagradables por las que podemos pasar, pero el sufrimiento surge de sostener ese dolor en el tiempo, guardándolo en el lugar más sagrado, que es el corazón. El sufrimiento es desgastante, tóxico y destructivo, y se ha demostrado que las víctimas que perdonan a sus agresores experimentan una mejoría física y psicológica mayor que aquellas que no lo hacen, porque cuando se tiene un pensamiento repetitivo de venganza, o se hacen "videos mentales" imaginando represalias, esto contribuye a que el cerebro segregue toxinas que actúan sobre el organismo, y eso genera un estrés fisiológico que afecta el sistema nervioso. Cuando se perdona de manera instantánea, la presión arterial, el sistema inmune, la depresión y la ansiedad empiezan a mejorar. Es por todo esto que insisto en que el perdón, más que un regalo que les hacemos a los demás, es un regalo que nos damos a nosotros mismos.

El perdón verdadero es la ausencia total de conflicto, ya que no enjuicia, ni busca culpables, no está pendiente de lo que los demás dicen, o de la forma en que actúan o la manera en que toman sus decisiones. El perdón es dejar de estar a la defensiva, bajar la guardia, soltar, es dejar que las cosas fluyan; perdonar es el arte de mantener el equilibrio mental, es decir, simplemente dejar que las cosas fluyan, sin tomárselo como algo personal. La máxima representación de tu inteligencia espiritual es el perdón, porque no supones, ni juzgas, ni te enganchas; dejas aflorar lo mejor de ti. Perdonar no es una actitud de aguante y tolerancia, perdonar significa soltar y dejar atrás.

El perdón verdadero es ser como la flor de loto, que florece en medio del pantano y da su mejor fragancia, su mejor color, sin contaminarse del exterior, es decir, del rencor, la envidia, o las críticas. El perdón es el arte divino de mantener el equilibrio emocional, mental; estar en el punto medio donde ni te enganchas, ni te lo tomas como algo personal, sino que solo aprendes de lo que sucedió y fluyes.

La conclusión es que el perdón, más que un acto de bondad, es un acto de inteligencia y sabiduría, porque practicar y experimentar el perdón nos conduce a un bienestar integral, a unas relaciones saludables y a mejorar nuestra salud mental, física y emocional, conectándonos y sincronizándonos con el flujo vital y la energía del universo.

Cuando la paz interior es tu verdadera prioridad, es tu gran anhelo, sabes que la acción de no perdonar pone en riesgo eso que tanto deseas: tu paz. Si siempre tienes esa creencia arraigada en tu mente, el perdón se da de manera natural.

¿Cuándo se puede dar el perdón en tu vida?

El perdón es un acto que comienza desde tu mente consciente, por lo que debes estar dispuesto a realizarlo, debes entender y creer que ese dolor que hay dentro de ti puede acabar, debes prepararte conscientemente para llevar a cabo todo un proceso, a fin de llegar hasta tu creencia más escondida que no permite que ese rencor ceda; debes estar dispuesto a soltar el pasado, a soltar a ese ser humano que tanto amabas, a esa posición económica que tanto querías, a ese trabajo que tanta felicidad te dio. No importa lo que haya sucedido, ni el presente que tengas hoy, lo importante es lograr identificar lo que te marcó en el pasado para soltar, liberar y sanar.

Para que aparezca el perdón en tu vida debes desearlo con todas tus fuerzas; debes estar dispuesto a ver la vida de una manera distinta; debes estar dispuesto a aceptar el cambio, porque ya tu presente es diferente a tu pasado; debes, en una sola frase, amar la vida y estar dispuesto a luchar por ella.

Te propongo entonces que hoy despliegues las ventanas de tu mente y de tu corazón para que un nuevo aire entre en tu vida, liberes todo lo que no te sirve y abras tu corazón al amor, la bondad, la compasión y la humildad, para sanar esas heridas producidas por la "basura" que tanto tiempo cargaste. Recuerda que todo pasa, todo es efímero; no hay ninguna emoción, ni acto, ni sentimiento, ni nada en este mundo que sea permanente. Así como la basura se recicla, limpia y purifica, tus rencores y resentimientos se pueden reciclar, transformar y limpiar con la infinita llama del amor, para que sean de hoy en adelante pensamientos renovadores inspirados en el amor y en el servicio hacia los demás. Hoy más que nunca recuerda que no tienes vocación de basurero; por lo tanto, libérate. No tengas miedo de lanzarte a la acción.

¿Quién realmente sale ganando, quien perdona o quien pide perdón?

El perdón es tu mejor elección, ya que te liberas del rencor y recuperas tu paz interior

Tanto quien pide perdón como quien perdona ganan porque se liberan de las cadenas mentales de amargura y logran entrar en un espacio sagrado de paz interior, tranquilidad y plenitud al que es muy difícil entrar por otros medios. Por eso debes hacer de tu práctica permanente del perdón, que explicaremos más adelante en este libro, un hábito consciente y deliberado, siempre que lo consideres necesario, y cuando lo hagas lo tienes que experimentar desde tu conciencia sintiéndolo con el corazón, porque, de lo contrario, no sirve de nada.

Tenemos que analizar el perdón desde tres puntos de vista, para, de verdad, desprendernos de esas cadenas mentales que nos hacen sufrir:

- **Cuando nos perdonamos a nosotros mismos:**

Creemos que debemos perdonar en primer lugar a esas personas que nos dañaron, pero en realidad el primer perdón debe ser hacia nosotros mismos. ¿Por qué es esto tan importante? Porque cuando nos perdonamos a nosotros mismos nos reconciliamos con nuestro niño interior, con nuestra esencia. Nos damos cuenta de nuestra fragilidad, ingenuidad e ignorancia; nos enfrentamos con nuestro ego, que no nos permite caminar hacia la luz, sino hacia las sombras del inconsciente, lleno de orgullo, prepotencia, resentimiento y rencor. Cuando no nos perdonamos a nosotros mismos asumimos inconscientemente el papel de víctimas, en donde buscamos por todos los medios cómo culpar a los demás y sufrir porque los demás no actúan como nosotros queremos que actúen. El autoperdón hace que agradezcas porque extraes un aprendizaje de esa situación, supuestamente para no volver a cometer el mismo error. Pero la realidad es que muchas veces los seres humanos tenemos ciertos patrones de pensamientos y comportamientos reincidentes, y, a pesar de haber vivido situaciones muy difíciles con ciertas personas, las volvemos a repetir. Debemos entonces pedirnos perdón por la inconsciencia, la terquedad, la falta de visión, por no haber aprendido de la equivocación y volver a cometer el mismo error. Cuando aceptamos esto, podemos mirarnos en el espejo frente a frente, pedirnos perdón y pedirles a Dios y al universo que nos iluminen con la luz de la consciencia y el entendimiento para no volver a caer dos veces en el "mismo" hoyo.

Perdonarnos a nosotros mismos es uno de los actos más reconfortantes e importantes para nuestra vida, ya que recuperamos la confianza en nosotros mismos; es el primer paso hacia la sanación, porque volvemos a amarnos, a apreciarnos, a querernos y a tener confianza de que nuevamente podemos regresar a la vida y disfrutarla. Recobramos nuestro sentido de vivir, veremos nuevas oportunidades, y eso nos llevará a vencer el miedo, a arriesgarnos, a hacer cosas diferentes que nos apasionen. Es decir, nos alineamos con el flujo amoroso de la vida, y sentimos una vez más que la vida vale la pena, que somos seres hermosos apreciados y queridos por los demás. Ahí el miedo y la desconfianza desaparecen, y vuelves a buscar la bondad en cada ser humano con el que te encuentras en el camino.

Identifica en tu interior aquellas situaciones en las que actuaste de determinada manera, pero que quedaron clavadas en tu interior porque quizás debiste haberlas efectuado de manera diferente. Identifica cuál es el sentimiento que hay cuando piensas en ellas. Quizás culpa, remordimiento, miedo, rencor, rabia u odio.

_____

_____

_____

_____

_____

_____

Recuerda que para lograr perdonar a los demás, debes aprender a perdonarte primero a ti mismo; por eso, para comenzar el proceso de perdón, debes preguntarte qué necesitas perdonar en ti, para poderlo perdonar en los demás.

• Cuando perdonamos a los demás:

El perdón no es excusar los malos comportamientos del agresor, es liberar el resentimiento y la culpa y observar al otro con toda su fragilidad humana, y entender que se puede equivocar, a pesar de lo que ha hecho.

Para perdonar a los demás, lo primero que debemos hacer es identificar la agresión que existió y pasarla por esta pregunta: ¿lo que sucedió fue una agresión real o, por el contrario, fue una agresión inventada?

Una agresión real es cuando ha existido un verdadero daño físico o psicológico, cuando ha existido un agresor violento que traspasó los límites del comportamiento humano. Aunque todos estos tipos de comportamientos están sesgados por las creencias que se tienen donde vives, debe existir un perdón cuando la víctima piensa que los límites se traspasaron y se siente agredida. Lo que en ciertos países es un crimen o un delito, en otros países es algo normal; lo que en una religión algo es permitido, en otra es por completo inaceptable; todo el comportamiento humano está basado en un sistema de creencias, que son imposiciones culturales inventadas para extorsionarnos, manipularnos y tener el control sobre nosotros; pero el hecho de que sean creencias no significa necesariamente que sean verdad.

Pero hay otro tipo de agresiones que son igualmente dolorosas y que provienen por lo general de las personas que más amamos, de las personas con las que compartimos nuestra vida diaria en nuestro entorno social. Estas agresiones se originan cuando ellas se comportan de manera diferente a la expectativa que nosotros teníamos acerca de ellas. En nuestras relaciones diarias nos vamos "empeliculando" y llenando de rencores, creamos unas barreras mentales que impiden que exista una comunicación asertiva con nuestros seres queridos. Cuando esas personas que son tan importantes para nosotros no se comportan de la forma en que nosotros deseamos, las consideramos desleales, infieles, traicioneras, y vamos creando un círculo vicioso de odios, resentimientos y envidias que van carcomiendo nuestro corazón, y poco a poco vamos perdiendo la alegría de vivir, nos estresamos y nos enfermamos. Estas ofensas, con o sin culpa de esas personas, también deben ser perdonadas para lograr tener una vida llena de armonía y paz.

Por último, existen agresiones o ataques ficticios o que te tomas de manera personal, donde el supuesto agresor ni siquiera sabe que te hizo daño. Incluso, muchas veces tú ni siquiera lo conoces o él o ella a ti tampoco. Es el caso de todas las personas que odian a ciertos personajes políticos, religiosos, guerrilleros, paramilitares, corruptos, y que pasan horas y días enteros quejándose, criticando y hablando mal de ellos; es un odio que está en la consciencia colectiva.

Más allá de las creencias, más allá del dolor que sentimos, más allá de si lo que sufriste fue una agresión real o ficticia, debes debes llevar a cabo un proceso de entendimiento, comprensión y liberación de esa persona que para ti es tu enemigo, por el daño que sientes que te hizo.

El hecho de que tú perdones no quiere decir que estés de acuerdo o justifiques esas acciones y que apruebes el comportamiento de la otra persona. Porque eso sería como tropezar con la misma piedra, caerse al piso y quedarse tirado para que te vuelvan a pisar. Por eso considero que el perdón es una elección personal, sanadora y liberadora, que puedes realizar sin necesidad de hablar con esa persona que sientes que te hace daño.

Haz una lista de las personas que sientes que te han ofendido en el pasado y no has podido perdonar, ya que continuamente invaden tu presente y te roban la paz.

_____

_____

_____

_____

_____

_____

_____

_____

• Cuando los demás nos perdonan:

Pedir perdón es un acto que te libera de la presión inconsciente de que habías hecho daño.

Una de las cosas más complicadas cuando hablamos de perdón, es aprender a pedir perdón a quien hemos ofendido. Esto se debe a que nuestro orgullo nos lleva a no aceptar que hemos cometido un error. Para lograr una verdadera reconciliación debemos entrar con una actitud humilde, dispuestos a escuchar con amor para que esa persona que está herida se desahogue, sin tratar de justificar o contradecir lo que está diciendo, porque de lo contrario se aviva el fuego del dolor, y puede terminar en una pelea que traerá consecuencias mayores.

Pedir perdón es la máxima representación de que en tu espíritu está viva la llama del amor dentro de tu corazón, es una intención amorosa del alma. No sirve solo el arrepentimiento interior, es necesario expresar a la otra persona una disculpa por lo ocurrido y nuestra humilde y sincera petición de perdón, ya que si no lo hacemos no podremos crecer interiormente; esto es una gran muestra de nuestra ilimitada capacidad de amar. Cuando el ofendido acepta nuestro perdón está abriendo la posibilidad de crecer en el amor y trascender el dolor y encontrar su paz interior al brindarnos el perdón. Lo importante cuando se decide pedir perdón a quien hemos ofendido es hacerlo en verdad de corazón y no volver a repetir esos actos que le duelen a la otra persona, porque si continúas pidiendo excusas y diciendo "lo siento", pero sigues cometiendo el mismo error, no sirve en absoluto de nada, ya que pierdes credibilidad y confianza.

Los beneficios tanto de perdonar como de pedir perdón se verán reflejados en nuestro interior, independiente de que el ofensor o el ofendido acepte nuestro perdón o no lo haga, porque de una u otra forma estamos yendo en la dirección correcta del amor y del entendimiento.

Revisa con detenimiento las personas a las que hayas ofendido, o sientas que les has hecho algún tipo de daño debido a tus acciones, y crees que merecen una disculpa tuya.

_____

_____

_____

_____

_____

_____

_____

_____

_____

_____

Capítulo 3
El arte de perdonar de verdad

....

Cuando te liberas del

rencor, te iluminas y te

sincronizas amorosamente

con la energía del

universo

¿**H**as sentido alguna vez en tu vida impotencia o una gran frustración por no poder perdonar, y, aunque has tratado de hacerlo por todos los medios, hay una fuerza interior fría y destructiva que te bloquea el entendimiento, te nubla la razón y te impide hacerlo?

Nos han hecho creer que el perdón es un proceso netamente divino, que va atado a la religión que profeses, que es un hecho de humildad, de resignación, de tolerancia, y que al contarle nuestro pecado a un cura y rezar tres padrenuestros, ya el dolor, el rencor, el resentimiento y la sed de venganza desaparecerán de nuestro corazón. Pero en la realidad, vemos que miles de personas de todo tipo de religiones, que han hecho rituales sagrados, confesando, expiando los pecados, perdonando, haciendo penitencias para liberar la culpa y el resentimiento, continúan en la misma maraña de sentimientos tóxicos, donde el resentimiento, las ganas de venganza, el dolor, la rabia, la tristeza y demás emociones son el pan de cada día.

Lo cierto es que para que se dé un verdadero perdón, se debe realizar, antes de cualquier otra cosa, un proceso cerebral, en el que indispensablemente se involucran los cuatro cerebros, para hacer un proceso de entendimiento, comprensión, aceptación y liberación, y, por último, después de este proceso si se pueda efectuar el perdón divino.

El perdón cerebral: cómo utilizar tu máximo potencial cerebral para perdonar

¿Cómo así que el perdón es un proceso en el cual se utilizan los cuatro cerebros? Aunque siempre hemos creído que tenemos un solo cerebro con dos hemisferios, el izquierdo y el derecho, desde hace años los científicos han venido hablando de tres cerebros en uno, los cuales están interconectados pero son autónomos, y cada uno procesa de manera diferente la información. Pero además de estos tres cerebros, se ha descubierto que hay otro cerebro que contiene un sistema nervioso independiente, bien desarrollado, con más de 40.000 neuronas y una compleja y tupida red de neurotransmisores, proteínas y células de apoyo, y aunque parezca increíble, este no se encuentra dentro de nuestro cráneo; este cerebro misterioso y enigmático puede tomar decisiones y pasar a la acción independiente de los otros tres; puede percibir sensorial y extrasensorialmente, recordar y aprender. Este es el cerebro del corazón.

Para lograr entender el verdadero perdón, liberar las cargas emocionales y llevar a cabo un perdón cerebral, debemos, como primera medida, entender cómo funcionan estos cuatro cerebros. Para lograr entender cómo funcionan nuestros cerebros te haré una breve descripción de cada uno de ellos:

- **Reptiliano, cerebro inconsciente, el animal:** es el más ancestral, es primitivo, instintivo, y solo busca la supervivencia. Es el que prevalece cuando existen respuestas automáticas, inconscientes, básicas y primarias. Es decir que ese es el que nos puede salvar la vida ante un acontecimiento inesperado, pero también es el que nos lleva a realizar cosas absurdas, porque no piensa, no siente, no entiende ningún tipo de argumento, es totalmente impulsivo. En este cerebro no existen el pasado y el futuro.

- **Límbico, emocional, cerebro subconsciente:** la mente subconsciente es la mente emocional; se deja llevar por los gustos, los deseos y el corazón. Subconscientemente creamos fuertes enlaces neuronales hacia ciertas cosas o personas. Por ejemplo, si intentamos cambiar el lugar donde dejamos siempre las llaves del carro, nos demoramos días para procesar que lo cambiamos porque la mente subconsciente ya tenía procesado que las llaves se encontraban en un determinado sitio. La mente subconsciente nos lleva a hacer cosas innecesarias, a sentir celos, ira, rabia, envidia, y está encargada de nuestros sentimientos. Es la mente que nunca olvida, ya que tiene acceso a todos tus recuerdos. Es por ella que podemos recordar cosas tan abstractas como un sentimiento, un olor, ciertas situaciones, etcétera.

Tu mente subconsciente es repetitiva, habitual, predecible, no innova y es como un disco duro: todas tus experiencias, creencias, y lo que has visto y te han contado, están grabadas ahí, es como te han programado, y esa programación no es tuya, es de tus padres, tus maestros, la sociedad. Puedes ir por la vida con un programa de hace cuarenta años en un computador totalmente sofisticado.

El subconsciente aprende con base en la repetición de una acción o de un estímulo y aprende a desarrollar una habilidad como montar bicicleta, conducir carro, comer, etcétera. Así como el cerebro subconsciente aprende a odiar, a recordar con rabia, con rencor, con resentimiento, de la misma forma también puede aprender a recordar sin rencor, sin resentimiento, sin sed de venganza.

Siempre que estés sufriendo es porque estás en tu mente subconsciente, y cuando despiertas de tu inconsciencia a través de la focalización, sales del programa subconsciente al programa consciente, donde tienes la capacidad para crear el momento que quieras para tu vida. Por eso, cuando inhalas y observas con tus cinco sentidos el sitio donde te encuentres, palpas, sientes, hueles y observas todo, en ese momento sales del subconsciente y entras al consciente. Eso es lo que se llama la *presencia divina*, la *consciencia presente*. Porque en ese instante de consciencia presencial se abre para ti un mundo de infinitas posibilidades, donde ves las cosas con otro lente, con otro color, con la luz del amor, con los ojos de Dios.

Cuando pierdes la capacidad de focalizar y centrar tu atención en el momento presente, aquí y ahora, de manera instantánea abandonas tu mente consciente y entras a actuar en piloto automático en tu mente subconsciente; haces parte de un programa sobre el que no tienes control porque está grabado en un disco duro, y regresas a tu pasado, que es el que termina manejando, sin darte cuenta, tu presente. Para que lo entiendas bien, es como si tú en este instante estás escuchando y viendo televisión, y de un momento a otro no te gusta la escena de violencia que estás observando y le dices al televisor: "cállate, no quiero ver más, quiero ver es una escena de amor"; obviamente el televisor, por más que grites, sigue en la frecuencia en la que está. La única forma que existe es que tomes el control remoto y cambies de canal; ese control es tu consciente, que es creativo y maneja el subconsciente.

Lo más maravilloso es que ya se tiene comprobado que el cerebro consciente controla al cerebro subconsciente, y que a través de la repetición desde nuestra mente consciente, podemos afectar nuestra mente subconsciente, para que ella también cambie. Repetir desde el consciente graba al subconsciente.

Es por eso que cuando recordamos esos acontecimientos que no nos gustaron del pasado, el rencor y el resentimiento se pueden grabar con facilidad en el subconsciente. Ellos están en un recuerdo del subconsciente, y si los traemos al consciente, volvemos a sentir lo mismo que sucedió en el pasado: se llama resentimiento. Pero si decido eliminar ese pensamiento rencoroso de mi subconsciente, debo comenzar a repetir con frecuencia una afirmación contraria, en positivo, y así, poco a poco, tu subconsciente empezará a cambiar ese patrón de pensamiento negativo que te hace daño, y genera unas nuevas conexiones neuronales, haciendo que esas nuevas neuronas que nazcan vengan con ese nuevo modelo armónico. Pero el cambio real solo puede ocurrir cuando nuestros pensamientos y nuestras emociones están alineados en esa emoción elevada, porque podemos pensar lo más positivo que queramos, pero si no hay una emoción que corresponda a ese pensamiento, el mensaje no va a ser entendido por el cuerpo. Así que puedes afirmar positivamente todas las veces que quieras, "yo soy amor y perdón", pero si tu sentimiento es de rencor o sed de venganza, entonces ese pensamiento de perdón no va a llegar a la parte del cerebro que debe, por lo que tu cuerpo no estará recibiendo la señal para cambiar hacia ese nuevo destino. Es importante que entiendas que lo que conecta tu cerebro subconsciente con tu cuerpo es la emoción.

Ejemplo: si en el pasado tu pareja te insultó, despreció o maltrató, y ese recuerdo te llega de manera permanente a tu mente, y siempre que piensas en eso sientes rabia, tristeza, dolor y quieres cambiarlo, debes desde tu consciente hacer una afirmación en positivo que diga: "gracias a ti aprendí y evolucioné, soy un ser de paz, amor, alegría y disfruto de mi libertad". Esto lo debes repetir sintiendo que es una realidad, debes meterle emoción, energía y creer con convicción férrea que eso está llegando hacia ti, es decir, debes alinearte en la frecuencia vibracional de tu deseo, para poderlo atraer.

A diferencia del cerebro consciente, que solo procesa entre 150 a 400 bits por segundo, la mente subconsciente es un gran procesador, que procesa desde 11 hasta 40 millones de bits por segundo, siendo ella la garante de todas nuestras funciones fisiológicas, y es la responsable del 95% de las cosas que hacemos diariamente: conducir, comer, respirar, dormir, digerir, practicar un deporte, etcétera.

También es importante entender que el subconsciente genera los pensamientos rencorosos, repetitivos, que te enferman; y la forma como el cerebro subconsciente puede descansar, ya que procesa todos esos bits por segundo, es cuando envía unas frecuencias bajas que se manifiestan, a veces, en forma de tristeza, que se convierten en frustración o depresión; o, a veces, en forma de miedo, que se convierte en fobia o pánico. Lo anterior te lleva directo a una zona de confort y sientes que no quieres hacer nada en absoluto. Pero lo más prodigioso y más espectacular de todo esto es que ese subconsciente es el sirviente más dócil, el esclavo más amable, la herramienta más obediente que tienes y que obedece al consciente. Pero el problema es que a nosotros no nos enseñaron a manejar el subconsciente, por lo que si lo dejas suelto, el subconsciente toma posesión del cerebro consciente y de todo tu cuerpo, y te involucras con todos los sentidos emocionalmente llevándote a estados de mucho sufrimiento, depresión o pánico.

Y también nos han hecho creer que llorando, desahogándonos, dando golpes contra la pared, o a una almohada, estás liberando ese resentimiento, ese rencor, esa emoción, pero tu cerebro subconsciente, que aprende a través de la repetición, genera un patrón de comportamiento agresivo, y el día que no tengas la almohada o no esté alguien a quien puedas contarle lo que te sucedió, desahogas la ira o resentimiento con quien esté a tu lado.

Así como aprendiste a montar bicicleta, a conducir carro o a practicar algún deporte, de la misma forma aprendiste a guardar resentimiento, venganza, comparación, envidia, rabia; eso es algo que adquieres y no te das cuenta, porque piensas que es algo normal. Cuando estás en ese estado de inconsciencia, hay 100.000 millones de neuronas generando miles de impulsos por segundo, conexiones neuronales tortuosas, disfuncionales y tóxicas.

La conclusión, entonces, es que no sabemos perdonar, lo hacemos solo con biblias, textos, oraciones, pero como no hacemos un perdón desde el cerebro consciente, no efectuamos un proceso interior para desintoxicar y desprogramar el subconsciente, razón por la que no podemos hacerlo de verdad. Es por eso que se debe llevar a cabo un proceso en que el cerebro consciente entienda, comprenda, acepte y libere, para que después ya el subconsciente comience a cambiar.

- **Neocórtex, cerebro consciente:** es en la mente consciente donde desarrollamos la inteligencia y mediante la cual adquirimos conocimientos; es la mente lógica o racional que nos permite tomar decisiones en instantes, con base en el análisis que realiza. La mente consciente es la que usamos para saber cómo hacer lo que vamos a hacer, es con la que prestamos atención a los detalles, y nos ayuda todo el tiempo a hacer las cosas más básicas e importantes de nuestro día a día. La mente consciente es la que tiene la capacidad de crear y te da la oportunidad de liberarte de las heridas y los resentimientos del pasado.

- **El corazón, el cuarto cerebro:** la magia del cuarto cerebro es que existe una conexión de la mente con el corazón; el cuarto cerebro te da la capacidad de elegir con consciencia. Decidir y actuar desde la conciencia, desde el amor. Tiene 40.000 neuronas, 5.000 veces más capacidad electromagnética que los otros tres cerebros juntos. Cuando se logra hacer un perdón desde el corazón, desde la consciencia, es que en realidad te das cuenta de que puedes recordar sin resentimiento. Cuando piensas en esa persona que te hizo daño y no sientes odio y puedes verla normal, como otra persona más, es señal de que el perdón se ha dado en tu corazón.

- **¿Cómo actúa cada cerebro ante una situación que no nos gusta y nos causa dolor?**

Cuando los cuatro cerebros intervienen, el cerebro reptiliano actúa instintivamente como si fuera un animal; para sobrevivir, se defiende de manera instantánea gritando, atacando, golpeando, maltratando. Se pone en modo defensa y ataque, y empieza a liberar cortisol y adrenalina hasta que se nubla el entendimiento y la razón se bloquea.

Tan pronto como el reptiliano actúa, el cerebro subconsciente experimenta al máximo la emoción de lo que sucedió y la experimenta al límite; es decir que la persona llora, se deprime, la emoción adquiere vida propia, y comienza a repetir y repetir infinitamente en su mente lo que sucedió y ancla en la memoria lo que sucedió con lujo de detalles.

Una vez ha pasado todo esto, el neocórtex, el cerebro consciente, pierde su capacidad de raciocinio, queda neutralizado y aislado. Es tanta la inconsciencia, la ira, que pierde su consciencia, y la capacidad de enfocarse, y le quita la voluntad y el entusiasmo de hacer cosas diferentes, es decir, entra en un círculo vicioso, donde quienes reinan se llaman *tristeza, miedo y bajas frecuencias*.

¿Cómo salir entonces de ese círculo de dolor? ¿Cómo hacer ese clic liberador? Lo que te ayuda a salir de allí es cuando te conectas con el corazón, que es el único que tiene la capacidad de llevarte a experimentar una frecuencia más alta de las que estás vibrando en tu presente. Como decía Albert Einstein: "no podemos resolver problemas pensando de la misma manera que cuando los creamos. Es obvio, ¿verdad? Por ello, las soluciones vendrán solo si somos capaces de elevar nuestro punto de vista respecto a cuando apareció el problema en nosotros".

El cerebro del corazón es como una rampa de lanzamiento, un catalizador, un generador, que te puede ayudar a vibrar en una frecuencia muy alta. Por eso, cuando se habla del corazón, se habla de la divinidad. Manteniendo sentimientos y emociones de frecuencia alta, como el agradecimiento y la gratitud, se eleva la frecuencia del corazón. El bálsamo que suaviza las heridas del rencor es el sentimiento auténtico y genuino generado desde el corazón; por eso, debes entrenar tu corazón experimentando y teniendo pensamientos nobles, elevados, de gratitud, esperanza, libertad, compasión, humildad y amor incondicional. El corazón te va a empoderar para que puedas elegir, decidir y actuar, para salir de la zona de sufrimiento, y a través del cerebro consciente puedes generar un nuevo patrón de pensamientos positivos y creativos, que le dan una orden mental al subconsciente, y a través de la repetición continua de esos pensamientos, se generan sentimientos y emociones positivos para, a su vez, crear nuevas conexiones neuronales que se convertirán en paz, libertad, amor y alegría.

Nuestro cuerpo es un campo energético y contiene diferentes patrones de información. Todos los órganos de nuestro cuerpo generan campos específicos, pero el corazón genera un campo que afecta el resto de los órganos. El corazón está constantemente emitiendo ondas de calor, presión, luz, señales magnéticas y electromagnéticas. Por eso, el corazón es el órgano que reina sobre el resto de los órganos, es el órgano supremo, la inteligencia superior. Por eso, el corazón tiene el poder de sanar las heridas del alma y cicatrizar el virus purulento del rencor. Es importantísimo que el corazón esté activo, porque todo el proceso de sanación y de liberación del rencor depende de él. El corazón es como un trampolín desde el que saltas para salir de la tristeza, la angustia, y llegar al otro lado.

A través del tiempo vamos recogiendo en nuestro subconsciente gran cantidad de vivencias negativas y positivas, y a través del conocimiento que nos imparten nuestros padres, maestros y amigos, vamos llenando nuestro subconsciente de creencias que nos afectan durante el día y nos roban la paz. Dentro de las que más nos afectan, se encuentran:

• El miedo

Cuenta una leyenda que en una laguna mágica, a donde los hombres no podemos llegar, o quizás podemos, pero como somos tan inconscientes, no podemos contemplar la belleza y la magia del lugar. A esa laguna llegaron la tristeza y la furia. Rápido se quitaron sus vestimentas y se metieron en el agua. A los tres minutos, la furia salió intempestivamente del agua, buscó su ropa, pero como la furia no tiene consciencia ni se da cuenta de lo que hace, agarró por equivocación la ropa de la tristeza, y vestida de tristeza, la furia se fue. Mientras tanto, la tristeza seguía lenta, parsimoniosa y sin consciencia del tiempo y permaneció en la laguna por muchas horas. Poco después, la tristeza, paso a paso, fue saliendo de la laguna, buscó su ropa y no la encontró, entonces se puso la vestimenta que quedaba allí, la cual era la de la furia, y como a la tristeza no le gusta que la vean desnuda, se puso la ropa de la furia, y vestida de furia, la tristeza se fue. Cuenta la leyenda que en ese bosque mágico ven permanentemente a la ira, intempestiva, agresiva, rencorosa y violenta atacando y destruyendo todo lo que se encuentra en su camino. Aquellos que dicen haberla visto más de cerca han observado que detrás de la vestimenta de la furia hay una gran tristeza en su interior, y lo más sorprendente de todo es que los que se han encontrado con ella cara a cara, frente a frente, y la han podido ver fijamente a sus ojos, han encontrado que detrás de la furia y de la tristeza se encontraba escondido el miedo, el temor.

El miedo es el rey de la ignorancia. Este está escondido detrás de todas las emociones humanas y tiene múltiples disfraces. Por eso, cuando veas a algún ser querido o a alguien que te insulta, te grita o te agrede, en lugar de reaccionar y responderle de forma agresiva, inhala profundamente por tu nariz y míralo con firmeza al corazón y hazte la siguiente pregunta: ¿por qué esta persona está tan triste? ¿Cuál será la raíz de la tristeza o su melancolía? Si no encuentras una respuesta, vuelve a inhalar profundamente, la miras a los ojos y te preguntas: ¿por qué será que tiene tanto miedo? ¿De dónde vendrán sus temores y sus inseguridades? ¿Será que tiene miedo a perder el control sobre la situación o sobre mí y tiene miedo a no saber qué va a pasar?

Existen miles de miedos diferentes: unos reales, que se activan para protegernos de algún peligro inminente que está ante nosotros, porque el cerebro activa el sistema nervioso simpático y la adrenalina inunda todo nuestro cuerpo y nos pone en situación de lucha, parálisis o huida; y otros irreales, que son inventados por nuestra mente y que cargamos en nuestro subconsciente, debido a todo lo aprendido y lo vivido en el pasado, haciendo que muchas veces reaccionemos de manera agresiva y posesiva. Así funciona, por ejemplo, el miedo a perder el control, ya que tu mente, al no tener la certeza de lo que va a pasar en el futuro, hace que te apegues a la frágil y aparente seguridad que tienes en el presente. Es por eso que el miedo a perder el control genera violencia.

Por otro lado, miles de personas se resisten a perdonar por miedo a liberar todos los rencores y resentimientos cargados durante tanto tiempo, pues creen que al hacerlo van a quedar vulnerables y frágiles, y podrían ser de nuevo agredidas; otras creen que al perdonar pueden perder a la persona que ha sido fuente de placer o bienestar, y otras prefieren cargar ese resentimiento o rencor por el resto de su vida porque creen que, al conceder el perdón, quien se beneficia es el agresor. No entienden que los verdaderos beneficiarios de perdonar son ellas mismas. Muchas personas no logran entender que cuando liberan los acontecimientos violentos, traumáticos o desagradables del pasado y los iluminan con la luz de la aceptación y la humildad, el pasado, obviamente, no cambiará, pero el presente sí se transformará.

¿Qué miedos guardas que no te dejan perdonar?

_____

_____

_____

_____

_____

_____

_____

_____

_____

_____

• La culpa

Nací en una familia paisa (de Medellín, Colombia) tradicional, donde los fríjoles eran el plato predilecto y el que se hacía más a menudo. Por lo general, los días jueves en mi casa se cocinaba este plato, que era un manjar para mis sentidos y con el que soñaba durante toda la semana. Recuerdo, como si fuera ayer, cómo mi madre con frecuencia se acercaba a la mesa, se paraba frente a mí, levantaba su ceja derecha, abría sus grandes ojos negros y con su dedo índice me señalaba aquel plato diciéndome en voz lenta y modulada: "Mijo, dele gracias a Dios que usted se puede comer ese plato de fríjoles; cuántos niños pobres hay allí afuera que se están muriendo de hambre". Recuerdo que cada vez que mi madre me decía eso, me hacía sentir culpable, por lo que yo le decía que no quería comerme esos fríjoles y que a dónde había que llevarlos, para que esos niños no sintieran hambre y yo no sintiera el yugo de la culpa miserable de esas palabras que quedaban por días retumbando en mi cabeza. Eso, unido con todo lo que me decían las hermanas religiosas del colegio San Luis Gonzaga, donde yo estudiaba, acerca de que era un pecador y culpable por todas las travesuras que diariamente llevaba a cabo, hizo que la culpa quedara instalada en mi ser, y tardé muchos años en identificarla para poderla sacar de mi sistema de creencias.

La culpa viene camuflada de muchas formas y puede estar instalada en tu ser, sin saberlo. La culpa está basada en el miedo, es parte de un sistema de extorsión emocional y de unas creencias limitantes con las que nos manipulan o controlan. Las religiones, desde cientos de años atrás, han manejado la culpa a su antojo, cuando nos dicen: "Jesucristo murió hace 2000 años por tu culpa, para salvarte; si no te portas bien, te vas a ir al infierno cuando mueras; si no amas a Dios, te mueres; si no vas a misa, eres un pecador, etcétera".

Así como la culpa se instaló en mi interior siendo niño, tú también la puedes tener instalada en tu ser. La culpa tiene varias caras, está camuflada en nuestro subconsciente, por lo que no la reconocemos con facilidad, y es una emoción que puede derivar en remordimientos. La culpa es un estado afectivo en el que se experimenta conflicto por haber hecho algo que no se debió hacer o, por el contrario, por no haber hecho algo que se debió hacer. Es un sentimiento opresivo que puede durar muchos años si no se libera, porque está instalado en el subconsciente, de acuerdo con todo lo que ha percibido durante toda la vida.

En nuestra sociedad es muy frecuente que desempeñemos el papel de víctimas y victimarios permanentes, quejándonos siempre de lo que nos ha tocado vivir, sin entender que ese comportamiento se deriva de las altas dosis de culpa que manejamos en nuestro interior. La culpa es sana si existen el arrepentimiento y una firme decisión de cambiar, reconocer nuestras responsabilidades y errores sin necesidad de lastimarnos. Infortunadamente, no es el tipo de culpabilidad que nos han enseñado a manejar; nos condicionan para cargar durante toda la vida con el peso de la culpa, asociados con cualquier cosa que hayamos hecho en el pasado, aunque hayamos cambiado, e incluso somos juzgados por actos que no hemos cometido y hechos de los cuales somos totalmente inocentes.

Por otro lado, también nos programan para buscar siempre a quién culpar, cuando lo que debemos hacer es aceptar con responsabilidad las consecuencias de todas nuestras acciones. Por eso tenemos que liberarnos de esa actitud de eternas víctimas producida por el sentimiento de culpa que nos ancla al pasado, y aprender a disfrutar el presente como es y no como los demás nos indiquen que debamos vivirlo.

Existen la culpa real y la culpa imaginaria. La culpa real es cuando en verdad le has hecho daño a alguien, al inducir a otras personas a llevar a cabo acciones negativas. Culpa imaginaria es cuando uno se carga con el remordimiento de acciones negativas de otras personas, es sentirse responsable por ofensas percibidas, imaginarias o irreales.

Ejercicio: en silencio, piensa con calma acerca de las siguientes preguntas y contesta con toda sinceridad.

¿De qué te sientes culpable?

_____

_____

_____
_____
_____
_____
_____

¿De qué estás arrepentido y te gustaría devolver el tiempo para enmendarlo?

_____
_____
_____
_____
_____
_____
_____

¿Reconoces tus errores responsablemente sin buscar a quién echarle la culpa? ¿De no ser así, a quién culpas por lo general de lo que te pasa?

_____
_____
_____
_____
_____
_____

¿Asumes con frecuencia el papel de víctima o de verdugo? ¿En qué situaciones?

_____

_____

_____

_____

_____

_____

_____

• La envidia

Es la reina de la hipocresía, es uno de los virus más difíciles de detectar porque siempre está camuflado y hace mucho daño, no solo en quien lo siente, sino a las personas a las que ataca de manera injusta. Este virus, que es una reacción a algo que supuestamente consideras que no tienes, te falta o no has podido lograr, desde muy temprana edad nos lo inyectan nuestros padres, maestros, y, en general, toda la sociedad en nuestro subconsciente, cuando en lugar de enseñarnos a compartir nos enseñan a competir, cuando nos dicen que debemos ser el mejor del colegio y nos enseñan a compararnos de manera permanente con los demás, en todos los aspectos de la vida, haciendo que siempre estemos pendientes de si nuestro cuerpo es el mejor, si somos los más inteligentes, si tenemos más dinero o mejores propiedades, etcétera.

Este virus de la envidia, a diferencia de los otros, se enmascara de forma sutil y está programado para que no lo aceptemos y reconozcamos, sino que lo reprimamos. Es algo que no se exterioriza de un modo directo, sino a través de comentarios cáusticos, morbosos, incisivos y de mal gusto. Esto hace que la envidia se convierta en un sentimiento de amargura o frustración que nos consume en nuestro interior, porque siempre lo estamos reprimiendo. Cuando una emoción se reprime, ella es como una olla a presión, que si no deja salir el vapor, explota por otro lado, destruyendo todo a su alrededor. Es una emoción que, de tanto repetir el enjuiciamiento, o censura contra otra persona, nos lleva a que terminemos pensando que eso que creemos es real, y nos empodera a creer inconscientemente que tenemos la razón.

¿Alguna vez has sentido que llegar a ser un amigo sincero y verdadero de alguien que tiene éxito y que es plenamente feliz, es algo difícil y complicado de enfrentar? ¿Has sentido una cierta rabiecita y molestia por todo lo que él tiene y tú no, pero no eres capaz de reconocerlas? Si alguna vez has tenido esa murmuración envidiosa interior, de la que solo tú estás enterado, es porque tienes una gran confrontación debido a que esa persona ha logrado lo que tú quizás no, o no actúa como tú quisieras que actúe, y eso te lleva al borde de un abismo que te perturba y hace que te vuelvas hipócrita, que te pongas la máscara de un buen amigo, pero detrás de esa fachada falsa solo hay un ego herido, envidioso y celoso.

Por mucho que te esfuerces en cómo dejar de sentir envidia y encubrir ese sentimiento nocivo con una falsa actitud, o con una máscara de felicidad fingida, la gran verdad es que si no trabajas a fondo y enfrentas este virus, correrás el gran riesgo de que inunde tu mente y tu corazón de celos destructivos, de inseguridad, prevención y miedo, que se pueden convertir con facilidad en un desengaño y por último en una depresión, perdiendo así la alegría de vivir.

¿Qué puedes hacer para eliminar la envidia de tu vida, antes de que te consuma y destruya? La única forma es experimentando gratitud por todo lo que la vida te ha dado, no comparándote con los demás de manera inútil, y alineándote en la frecuencia de la alegría y la felicidad que experimenta la persona por la que estés sintiendo esa envidia; de inmediato la felicidad llega a ti, te embarga, te cobija, y lo más maravilloso de ese momento presencial y fantástico es que esa belleza exótica de la consciencia aparece ante ti, llenando cualquier vacío que tengas en tu corazón. Además, cuando cambias la forma de mirar los éxitos y triunfos del otro y no lo haces con envidia y en lugar de eso los aprecias, te van a servir de inspiración, de motor propulsor para ir por tus grandes sueños. Además, esa felicidad que sientes por el otro te lleva a que las neuronas espejo que están en tu cerebro copien ese modelo y tus nuevas conexiones neuronales nazcan fisiológica y biológicamente sanas, poderosas y bien estructuradas.

Ejercicio: de manera totalmente sincera contigo mismo, realiza una lista de las personas por las que sientes envidia, analiza por qué la sientes y cómo te expresas de esa persona cuando hablas de ella.

_____

_____

_____

_____

_____

_____

Una vez las tengas identificadas, ponte en los zapatos de ellas, regocíjate con la alegría que ellas sienten por tener lo que tienen y mira de qué manera eso te puede inspirar a cambiar cosas de tu vida.

• Los celos

El virus de los celos es el rey de la manipulación. Es una reacción a la amenaza de perder el control de ciertas situaciones, de algo que se posee o de alguien que tontamente se cree poseer al sentir que se es dueño de él o de ella. Este virus hace su aparición por diferentes razones, que siempre están vinculadas con la forma de relacionarnos con nuestros hijos, pareja, hermanos, padres, amigos, etcétera. Cuando este virus entra en nuestro interior y lo dejamos libre, puede llevarnos a cometer actos que nunca imaginamos. Por celos han pasado las peores desgracias, ya que la mente se nubla y se pierde la razón, cuando la persona ofendida siente que la están desplazando o reemplazando por otra. Cuando esto sucede, la persona que se siente desplazada tratará por todos los medios de recuperar eso que está perdiendo, realizando todo tipo de amenazas, tratos, confrontaciones y manipulaciones debido al miedo que tiene de perder el control sobre esa otra persona. Los celos son una mezcla explosiva de emociones contradictorias, donde por un lado hay amor y alegría, y, por el otro, hay miedo, tristeza y odio.

Los celos son uno de los disfraces preferidos del miedo, te roban la paz, hacen que te obsesiones con la situación y comienzas a efectuar actos absurdos impulsados por el ego herido, espiando a la otra persona, tendiéndole trampas para desenmascararla y que caiga, revisándole las redes sociales, el correo en sus teléfonos, etcétera. El problema de los celos, además de generar un sentimiento de posesividad y agresividad, es que destruyen la armonía de las relaciones porque se pierde la confianza, y esto da como resultado una crisis interior y una inestabilidad emocional.

¿Es posible dejar de sentir celos por esa persona que está tomando tu lugar y te está desplazando? Cuando existe seguridad de ti mismo, cuando estás fortalecido en tu interior y entiendes que la vida está constantemente cambiando, los celos no podrán atraparte, porque sabes que la vida tiene un flujo normal y que te debes adaptar a ella.

Los celos son el síntoma, no la enfermedad. Como cualquier dolor, es señal de que algo nos está pasando, son una señal de alarma que nos indica que algo extraño está sucediendo en el exterior; pero si profundizamos en la causa, encontraremos que hay un desbalance en la relación, ya que lo que estás pidiendo es atención, cariño, reconocimiento, reafirmar vínculos; no te sientes importante, sientes que no eres prioridad. Cuando sientes que en la relación no eres la prioridad, sino que te tienen por costumbre o necesidad del otro, experimentas un gran vacío, un frío intenso en el alma, y se pierde el sentido de la vida.

Cuando sientes celos, es un indicador de que la relación que tienes no es amor y lo que reina es el miedo, que es diametralmente opuesto al amor. Cuando sientes celos, es el indicador de que el amor no ha llegado, o tal vez ya se ha ido sin darte cuenta.

Identifica cuál es el miedo que hay detrás de los celos que estás sintiendo. ¿Será miedo a perder a esa persona, miedo a perder tu comodidad, a sentir que pierdes el poder?

_____

_____

_____

_____

_____

• La ira

Esta es una emoción primaria básica, cuyo objetivo es protegernos o proteger a los demás. Es intempestiva, fugaz, impetuosa, nubla el entendimiento, bloquea la razón, y quien la siente termina haciendo cosas que nunca creyó que podría llegar a hacer. Este sentimiento aparece cuando alguien nos ofende, agrede, insulta, traiciona, irrespeta o maltrata. En momentos de agresión descargamos adrenalina y nuestro cuerpo desencadena una reacción química que por lo general se manifiesta de tres maneras: cuando enfrentamos la situación y atacamos de inmediato al agresor, cuando huimos despavoridos o cuando quedamos paralizados. Detrás de la ira siempre hay miedo. Miedo a perder, a no ser la prioridad, a no tener el control de la situación; miedo a perder a la persona que supuestamente amamos, etcétera.

La ira nos puede salvar la vida o nos puede llevar a perderla. La ira frustrada genera resentimiento o rencor, y cuando lo guardas en tu lugar más sagrado que es tu corazón, nos arrebata la paz interior, la tranquilidad, y no nos deja perdonar, llevándonos con facilidad a sufrir de innumerables enfermedades como el cáncer gástrico, entre otras.

Identifica algún momento en el pasado cuando has sentido ira, revisa cómo has reaccionado y si esa ira se convirtió en rencor o resentimiento.

_____

_____

_____

_____

_____

_____

• El odio

Este es el rey de la venganza. Muy probablemente has escuchado personas que dicen: "Odio a los que odian", y no se dan cuenta de que ellos, al afirmar esto, también son parte fundamental del juego sucio del odio. El odio destruye de manera implacable la paz interior y nos lleva a vivir estados emocionales tan deprimentes que buscamos saciar nuestro dolor con la venganza, la posibilidad de ver al otro destruido y sufriendo. Albergar sentimientos de odio, lo único que nos proporciona es tensión, estrés y dolor, que poco a poco se acumulan en nuestra mente, los absorbe el corazón y los somatiza el cuerpo. El odio está catalogado clínicamente como uno de los tóxicos mortales más eficientes. Entonces la pregunta es: ¿por qué no podemos dejar a un lado ese veneno mortal?

¿Existen personas por las que sientes un odio profundo y has cargado con ese sentimiento por mucho tiempo? Identifícalas y describe qué daño sientes que te hicieron.

_____

_____

_____

_____

_____

_____

_____

_____

_____

_____

• El perdón divino

En todas las religiones se habla del perdón, pero cada una lo maneja de manera diferente, de acuerdo con su sistema de creencias. El proceso del perdón divino, entonces, está basado en la creencia que tú tengas acerca de él, de acuerdo con la religión que profeses. Encontrarás entonces una serie de rituales y herramientas para hacer tu perdón divino y la expiación de los pecados, dentro de los que podrás escoger en el momento en que decidas hacer una liberación frente a Dios. Estos rituales, de acuerdo con tu religión, pueden variar y van desde ayunos de uno o varios días, y la abstención de placeres físicos, hasta confesiones con sacerdotes, oraciones especiales, plegarias y ofrendas, entre muchos otros.

Independiente de tu creencia religiosa, la capacidad que tú tengas de perdonar forma parte de la naturaleza y de tu esencia divina, y cuando ejercitas este arte, este don natural, de manera instantánea te elevas por encima de todas tus limitaciones y creencias desgastantes de tu condición humana y entiendes que perdonar, tal cual se define etimológicamente en griego, es solo dejar pasar.

Por todo esto, te propongo que en silencio profundices acerca de tus creencias religiosas, y si desde tu corazón sientes la necesidad de realizar algún proceso divino para continuar tu vida en paz. Lleva a cabo este ejercicio mientras intentas sentir un arrepentimiento sincero, honesto y transparente, aceptando tu debilidad, tu fragilidad y tu error, y de verdad teniendo en tu corazón un sentimiento de amor puro hacia esa persona a quien dañaste o que te hizo daño.

Capítulo 4
¿Cómo identificar a quiénes tienes que perdonar?

....

El perdón llega cuando

aceptas, entiendes y reconoces

que nunca hubo nada

que perdonar, sino muchísimo

que aprender

P or lo general las personas que más amamos son aquellas con quienes tenemos los mayores problemas; es por eso que ellas son nuestros gurús, nuestros maestros, y quienes nos ayudarán a evolucionar y a manejar adecuadamente nuestras emociones. Con ellas, todos los días tendremos la opción de practicar el perdón en nuestra vida.

• El perdón hacia tus padres

Aunque parezca increíble, el rencor y el resentimiento más frecuentes son entre hijos y padres. Esto tiene muchas connotaciones, ya que cada relación es única. Pero la realidad es que estas relaciones, que deberían ser armónicas, donde reinen la paz, el amor y la buena comunicación, en la gran mayoría de casos se convierten en relaciones tóxicas, autoritarias, disfuncionales y agresivas. Esto hace que el dolor que pueden sentir los padres o los hijos sea permanente, convirtiéndose en resentimientos y rencores eternos, de una gran intensidad, que impacta de manera negativa las emociones, generando una desestabilización en el tiempo, que trae consecuencias en el futuro, con enfermedades físicas y mentales. Por eso es tan importante que entiendas y comprendas que, sin importar si tus padres fueron buenos o malos, debes perdonarlos, porque, de lo contrario, no podrás recuperar tu paz interior y arrastrarás durante toda tu vida ese dolor invisible que te va carcomiendo poco a poco tu corazón y tu existencia.

Si hoy estás sumido en la frustración, la rabia o la angustia porque llevas mucho tiempo tratando de liberarte del dolor o del sufrimiento que tienes o sientes respecto a tus padres, y quieres de una vez por todas perdonar para sanar las heridas de tu alma, debes:

- Independientemente del tipo de padre o madre que hayas tenido, debes agradecer y apreciar que ellos fueron quienes te dieron la vida; gracias a ellos tienes el regalo más grande del mundo, que es poder disfrutar del misterio apasionante de la vida.

- Con tu rabia, rencor, resentimiento, no vas a cambiar a tus padres. Tú no tienes el poder de cambiarlos, pero sí puedes elegir entenderlos, comprender que eran seres que tenían mucho miedo y unas creencias arraigadas, donde ellos creían que lo que estaban haciendo estaba bien.

- Identificar el miedo que hay en tu interior, el miedo que ellos crearon en tu mente subconsciente a través de las repeticiones continuas y negativas, lo que ellos te programaron, como por ejemplo: "No pareces hijo mío", "no sirves para nada", "no tienes las habilidades para lograr tus sueños", "cualquiera es mejor que tú", "no puedo confiar en ti", "no puedes ir a donde quieres ir", "eres muy tímido", etcétera. Debes entender que ese miedo no es real, sino que es un miedo imaginario, que está instalado en tu disco duro y que de tanto repetirlo día a día se creó un hábito, que fue formando una creencia, y desafortunadamente esa creencia es la que rige el destino de tu vida porque, de acuerdo con esa creencia, generas pensamientos, sentimientos y emociones frustrantes, limitantes y dolorosas.

- Realizar un plan de acción donde vas a enfrentar el miedo que identificaste porque cuando enfrentas al miedo, este desaparece, porque el miedo es cobarde.

- Liberar todo el dolor y sufrimiento que te ocasionó la mala relación con tus padres, identificando dónde nace tu miedo, quién te lo creó, cómo lo fuiste desarrollando, y, una vez lo tengas identificado, lograrás entender y comprender que no tiene sentido guardar esa basura mental en tu corazón, y de manera instantánea, al aceptar, podrás liberar eso que tanto daño y angustia te producía.

• Cómo perdonar a una pareja que fue infiel

Las relaciones de pareja tienen un contexto muy profundo y único, debido a la comunión entre dos almas que deciden unirse en el amor, que, con matrimonio de por medio o no, dan por sentado que se pertenecen el uno al otro y que se deben respeto, lealtad y entrega mutua por siempre. Eso implica que la fidelidad es algo implícito dentro de la relación, a menos que hayan acordado algo diferente. El problema surge cuando una de las dos personas que integran la pareja, por alguna razón personal, toma la decisión de abrir su corazón a otra y comienza a vivir una vida doble, ya que se rompen esos votos invisibles, que hacían parte de lo que se consideraba el amor. Esto conlleva que quien se siente engañado inicie una lucha interna, donde el dolor, la rabia, el odio y el rencor hacen fácilmente su aparición. Es tan profundo ese dolor que muchas personas nunca más logran estabilizarse con otra pareja, se vuelven amargadas y empiezan a tener comportamientos y conductas disfuncionales, por completo contaminados por el resentimiento, y les queda muy difícil perdonar.

Siempre que hay una infidelidad, existen dos opciones: por un lado, se puede continuar con esa persona que fue infiel, o, por otro lado, se puede dar esa relación por terminada y no compartir nunca más con esa persona. La verdad es que cualquiera que sea lo que se escoja, siempre debe existir un perdón para lograr recuperar la paz interior que la infidelidad les robó.

Si has pasado por una situación de infidelidad y quieres en realidad perdonar y soltar ese dolor profundo que llevas cargando debes:

- Entender que esa persona con quien compartías no era de tu propiedad, y que así como llegó y compartió una parte del camino, debes soltarla y dejarla en libertad para que tome las decisiones que quiera.

- Procesar que la fidelidad entre parejas es una de las cosas más efímeras que hay; hoy puedes amar profundamente a una persona, y con facilidad tú o ese tercero pueden dejar de hacerlo, y ante eso es difícil actuar, porque no depende de ti.

- Darles gracias a Dios y a la vida por los momentos difíciles y tristes vividos, y observar cuáles son las lecciones aprendidas para no volver a cometer los mismos errores.

• El perdón a Dios

Muchas veces entramos en peleas y conflictos trascendentales con Dios, porque hay acontecimientos salvajes, inesperados, y que consideramos injustos; y vuelvo a insistir sobre la historia: cuando estaba yo en la ciudad de Bogotá y vi cuando los escuadrones de la muerte quemaron vivos a muchos niños y niñas que vivían en las alcantarillas. Ese día me enfrenté a Dios porque no comprendía la injusticia tan grande que estaba pasando y sentía que Él no hacía nada; yo creía que si Dios era tan poderoso y omnipresente, debía hacer algo para proteger a esos niños que morían de hambre y de frío, y estaba sucediendo todo lo contrario. Esa lucha interna con Él se puede sentir de mil formas diferentes, cada vez que sucede algo que es muy impactante y consideramos injusto e inexplicable.

Para poder perdonar y dejar de luchar contra Dios, debemos hacer un proceso interior, el cual yo sentí hace muchos años cuando estaba en esa pelea con Él: en medio de mi meditación al amanecer en mi montaña sagrada, escuché esa voz que emanaba del centro de mi ser que me decía: "Te he dado manos para servir y resolver problemas, corazón para sentir y ojos para buscar soluciones. Ve y buscas la solución, no te concentres en lo que pasó, porque no puedes hacer nada". En ese momento entendí que no podía cambiar al mundo, pero sí podía cambiar mi forma de actuar y de ver las cosas y mi percepción acerca de Dios.

Si hoy te encuentras en una pelea con Dios porque no entiendes por qué ocurrió algún suceso muy fuerte e inexplicable en tu vida:

1. Analiza tu creencia religiosa basada en el miedo, en la culpa, en la manipulación o el control por el que

siempre estás inculpando a Dios de tus errores, faltas o malas decisiones; mira que detrás de esa creencia hay un miedo a ser castigado, a ser culpable. Siempre hay una culpa camuflada. Condenar, censurar, recriminar, inculpar; además nos inculpamos, atribuimos a Dios todas nuestras faltas, errores, omisiones y tropiezos.

2. Identifica cuál es el acontecimiento que hace que sientas tanta rabia o frustración y le eches la culpa a Dios. Ejemplo: mi hijo murió.

3. Analizar ese sentimiento, esa frustración. ¿De dónde viene? ¿Cuál es el miedo? ¿Por qué culpas a Dios y no quieres aceptar el acontecimiento que sucedió? Ejemplo: no puedo vivir sin mi hijo; tengo miedo a la soledad y a perder el control sobre mi futuro.

4. Identifica esa creencia limitante y desgastante que hace que sufras de la manera en que lo estás haciendo. Ejemplo: los hijos mueren después de los padres; el dolor más profundo de cualquier persona es perder a un hijo.

5. Baja la cabeza, acepta, sé humilde. Y hazte esta pregunta: ¿lo que sucedió tiene solución? Si tiene solución, encuéntrala; si no tiene solución, pídele a Dios que te dé la sabiduría para soltarla y buscar una nueva elección; entrégale tu miedo a Dios y dale las gracias

porque todo lo que sucedió en el pasado te está sirviendo como una gran experiencia para encontrar grandes dones, ver nuevas opciones para tu vida y evolucionar.

6. Agradece a Dios por todo lo que tienes, no te concentres en lo que perdiste.

• Cómo perdonarte a ti mismo

Perdonarnos a nosotros mismos es una de las tareas más difíciles de hacer, porque muchas veces no entendemos ni siquiera qué es lo que debemos perdonarnos. Cuando existen relaciones disfuncionales o acontecimientos muy dolorosos en nuestra vida, siempre tratamos de encontrar una explicación y somos muy duros con nosotros mismos porque sentimos que si hubiéramos hecho las cosas de manera diferente, las consecuencias de lo que ocurrió hubieran podido cambiar. Nos juzgamos continuamente, y todo el tiempo estamos desgastándonos sin sentido, tratando en nuestra mente de solucionar todo eso que pasó, sintiéndonos agotados y tratándonos a nosotros mismos muy mal. Este es el perdón más importante de llevar a cabo cuando estamos comenzando a realizar un perdón, ya que, mientras no nos perdonemos a nosotros mismos, no podremos recuperar la paz y seguiremos girando en el mismo círculo de dolor, miedo y desamor.

Para perdonarte a ti mismo debes:

• En silencio, revisar toda la conversación interior que estás teniendo contigo mismo para identificar aquellas cosas que te estás diciendo, a raíz de eso que sucedió.

• Entender que todo lo que has vivido fue parte de un proceso, sobre el que no tenías control porque muy probablemente no tenías la experiencia ni la sabiduría, provenientes del amor y la consciencia, y estabas viviendo en la oscuridad, la ignorancia o el miedo.

• Agradecer a la divinidad, a la inteligencia superior que habita en ti, por haber estado siempre contigo, en los momentos más difíciles, aunque tú en medio de tu inconsciencia no la hubieras podido sentir y percibir, porque esa desconexión con la divinidad es la que te hace sufrir. Y es en este instante mágico que trasciendes el ego y te liberas del miedo.

• Cómo perdonar a alguien que no conoces y te hizo daño a ti o a un ser querido

Muchas veces, en episodios de violencia, nos pueden hacer daño a nosotros, o a nuestros seres queridos, personas que están en la oscuridad y que terminan haciendo cosas que nunca imaginaron, bien sea hiriéndonos físicamente, o incluso llegando a cometer asesinatos y homicidios atroces. En estos casos, existe un gran dolor profundo, sin poder descargarlo en contra de nadie en especial, porque se desconocen los agresores, lo que hace que el proceso de perdón sea muy complicado. En este tipo de casos, debemos entender que hay personas que viven de manera inconsciente, que tienen necesidades de sobrevivir y que el miedo las embarga, haciendo cosas que hieren a otros para sacar su propio beneficio. Aquí debe haber un perdón hacia esos seres de oscuridad que van por la vida haciendo daño, para lograr borrar las huellas que quedan en el corazón. Si este es tu caso y quieres soltar lo que sucedió y recuperar tu paz interior, debes perdonar al agresor anónimo:

- Imaginar que esa persona es un ser que vive en la oscuridad y que no sabe lo que hace, debido a todos los miedos con los que debe estar viviendo.

- Entender que el pasado ya pasó y no hay forma de cambiar eso que sucedió, por lo que se debe bajar la cabeza, aceptar la voluntad de Dios y entender que la resistencia inconsciente a aceptar esa realidad te hace sufrir, te llena de rencor y te enferma.

- Agradecer, por loco que te parezca, a ese agresor, que está siendo para ti un maestro en el sufrimiento, para que crezcas, trasciendas, evoluciones y dejes tu huella de amor en este mundo.

- ## Cómo perdonar el suicidio de un ser querido

Muchas personas tienen que atravesar por esta difícil situación, cuando un ser querido toma la decisión, sin contarle a nadie, de quitarse la vida. Bien sea un padre, un hijo, un esposo o cualquier familiar cercano, quien deba pasar por esa situación, lo primero que les llega es un sentimiento de culpa indescriptible, el cual está en su inconsciente, y empiezan a llegar pensamientos como los siguientes: si yo hubiera estado ahí con él, si yo le hubiera dicho, si hubiera hecho las cosas diferentes, etcétera. Eso hace que su cerebro se ponga en posición de defensa o ataque generando un estrés fisiológico prolongado, que puede llevarlos a una profunda depresión, creando un infierno al que nunca quisieron entrar, porque el entendimiento y la razón se bloquean, debido a esa irrigación sanguínea tan violenta de químicos en el cerebro.

Aunque la persona que comete el suicidio ya no está presente, es importante lograr liberarla y soltar para que pueda descansar. Todo este proceso de perdón tiene que ver con perdonarnos a nosotros mismos y perdonar a esa persona por la decisión que tomó.

Si has tenido un familiar que se ha suicidado y quieres realmente soltarlo, perdonarlo y perdonarte a ti, debes:

- Entender que con culparte o culpar a esa persona no logras nada; debes bajar la cabeza, aceptar lo que sucedió y hacer un ritual sanador. Para este ritual, debes conseguir una rosa blanca, encender una vela y tomarte un vaso de agua. Una vez tengas todo contigo y te sientas listo, decirle: "Hoy, ante Dios y mis ancestros, te mando esta luz, para que en el lugar en el que estés, te recargue y te potencialice en tu proceso de evolución y ascensión al encuentro con tu divinidad. Perdóname si te hice daño, y respeto la decisión que tomaste; por eso, no tengo nada que perdonarte. Que la paz, el amor y la luz divina siempre te acompañen. Amén".

• Cómo perdonar todas las cosas que suceden a tu alrededor, con las que no estás de acuerdo

Cuando logres entender que todo lo que sucede en el exterior, como la corrupción, la politiquería, la violencia, el terrorismo, los malos gobiernos, la manipulación mediática para asustarte y la injusticia social, entre otros, no depende de ti, ni tienes el poder para cambiar esas situaciones, podrás liberar ese sentimiento de rencor, desasosiego e impotencia que albergas en tu corazón, te roba la paz y la alegría, y se manifiesta atacando tu sistema nervioso y enfermándote. Si no logras liberarte de esa energía que hace que vibres en una frecuencia baja, te vuelves como una antena que absorbe energía negativa y la difumina, la expandes hacia el exterior, generando una caída cuántica de consciencia. Por eso, en todas las doctrinas religiosas y filosofías se habla de que al enemigo se le mande amor, y eso desenergiza, le quita el poder al enemigo de hacerte daño. Enviar amor no significa que estés de acuerdo con lo que sucede, ni estás siendo cómplice, solo mandas energía amorosa para que les llegue a esas personas que están en la oscuridad y las ilumine. Esto lo he visto miles y miles de veces, y funciona en la forma más fascinante; lo he probado, verificado e investigado científicamente, no es una teoría. Date la oportunidad, pruébalo y verifícalo.

Identifica todas aquellas situaciones que no dependen de ti que te roban la paz, la tranquilidad y la alegría de vivir.

_____

_____

_____

_____

_____

_____

_____

_____

_____

_____

_____

_____

Capítulo 5
Guía práctica para perdonar

....

Deja ir, pasa la página,

y comienza a disfrutar

la mejor parte de

tu nueva vida.

P ara lograr finalmente entrar en el proceso profundo de perdón verdadero he creado un plan, una guía que puedes aplicar con facilidad a tu vida y de una vez por todas te liberes de esa basura emocional que quizás has cargado por tanto tiempo.

Lo más importante para que tengas éxito en este proceso es que entiendas que este es un perdón por completo consciente y deliberado, donde eliges en realidad aceptar, entender y comprender lo que sucedió en el pasado, estando dispuesto a perdonar, soltar y liberar de la culpa a quienes te han hecho daño, y tener la nobleza de reconocer cuándo tú has hecho daño a otros o a ti mismo. El perdón se convierte en sublime cuando trasciendes las fronteras de buscar culpables, justificaciones o enjuiciamientos y decides entrar con la llave del amor y la atención focalizada a una nueva dimensión liberadora, donde reinan la tranquilidad, la paz y la alegría.

Debes estar dispuesto a llevar a cabo este proceso con toda la pasión de tu corazón, con toda la fuerza de tu ser y con total convicción y voluntad férrea, ya que exige una continua afirmación verbal y una repetición perseverante, durante un período de tiempo necesario hasta que la conexión emocional que tengas con esa persona se comience a debilitar y empieces a recordarla sin dolor, rencor o sed de venganza en tu corazón. Este es un proceso mágico, porque se da a nivel subconsciente de un momento a otro, y vas a experimentar tanta paz y alegría que te será difícil creerlo.

Permea tu subconsciente a través de un ritual iniciático

¿Por qué hacer un ritual?

Los rituales son la máxima representación simbólica del espíritu cuando se realizan con una intención clara, para conectarte con tu esencia divina e ir más allá de la mente y mucho más allá del corazón. La idea es que logres aquietar la mente, permear y penetrar el subconsciente, y el ritual ayuda a que esto suceda. El ritual estimula el pensamiento involucrando los sentidos, para que genere un sentimiento y una emoción profundos, que al mismo tiempo generan una fuerza vibracional tan alta que puede reorganizar, estructurar, modificar y sanar las células de tu cuerpo. La importancia del ritual radica en que a través de imágenes, íconos, sonidos, música, luces y movimientos se enganchan los sentidos para que haya nuevas conexiones neuronales, que con una atención focalizada generan una memorización y un anclaje mejores. Por eso es tan importante la repetición para entrenar la mente subconsciente en el proceso del perdón, porque hacia donde fluye la energía liberadora se dirige la atención.

Ritual inicial para permear el subconsciente y perdonar

Identifica a quién quieres perdonar, escribe su nombre en un papel y prepárate para hacer el ritual con el que abriremos el proceso de perdón. Entiende que esa persona ha sido para ti, hasta este momento, un maestro en el dolor y el sufrimiento, y, así, como cuando enciendes una vela y desaparece la oscuridad, vas a encender en ti la llama de la gratitud, para poder ver eso que te sucedió como una experiencia que tuviste en el pasado, que te va a ayudar a evolucionar.

A continuación, vas a escribir una carta dirigida a esa persona, expresando lo que te dolió y la sensación de impotencia o injusticia que has vivido. Una vez has descrito ese dolor, te pones en los zapatos de la otra persona y tratas de justificar la acción que cometió; puede ser porque era una persona que estaba en la oscuridad, que estaba inconsciente, que estaba bajo el efecto de las drogas o del alcohol, que tenía un miedo profundo a perder el control o a no ser aprobada, que tenía un gran sufrimiento por experiencias traumáticas del pasado, o simplemente estaba desilusionada de la gente y de la vida. Realizas un cierre de la carta escribiendo que desde el fondo de tu corazón aceptas lo que sucedió como una enseñanza, das gracias al universo porque esto te está haciendo evolucionar y eliges liberarte de manera consciente de la culpa y soltar a esa persona y dejarla en manos de la divinidad. Doblas el papel y le colocas un título grande que diga: "Desde el fondo de mi alma envío amor a tu corazón". Insertas la carta en una bolsa de tela, donde echarás tres piedras y tres cebollas redondas y la cierras. Comienzas a cargar esa bolsa contigo para donde vayas; puedes llevarla en tu bolso, tu maletín, tu carro, tu morral. Al poco tiempo, al tener que cargarla, empezarás a sentir su olor e incomodidad, y probablemente muchas personas te preguntarán acerca del contenido de tu bolsa y la razón para llevarla contigo a todas partes. Cada vez que alguien te pregunte por ella, será una señal subliminal que te estará llamando la atención acerca de hasta cuándo quieres cargar ese equipaje sucio, pesado y apestoso.

Una vez sientas que esa carga emocional, que ahora también es física, no tiene sentido para ti seguirla cargando, vas a efectuar un ritual subliminal final de liberación. Para eso, sacas la carta de la bolsa, la colocas en un recipiente que no sea de plástico y le prendes fuego con una vela. Observas con detenimiento cómo se va quemando todo ese pasado, lo ofrendas al cielo, y vas a experimentar una gratitud profunda por Dios y la vida, agradeces lo que hoy tienes y la decisión que has tomado. Inmediatamente cierras los ojos y sonriendo visualizas que desde el cielo cae un rayo de luz morado que envuelve todo tu cuerpo en la llama transformadora y sanadora del amor. En voz alta y sonriendo repites tres veces seguidas: "Soy paz, soy amor, soy alegría desbordante".

Nota: tu ego, que tiene más poder que tu cuerpo, tu mente y tu intelecto, te estará mandando a gritos la orden de que no hagas ese ritual tonto o ridículo, que ese ritual lo haga tu ser querido, quizás, pero no tú. Y aquí está tu primer desafío para tomar el control de las riendas de tu vida, porque así como esa mente subconsciente, a través de la "lora parlanchina" que no para de hablar, no te deja hacer el ritual, de la misma forma te ha dado la orden de guardar rencor, resentimiento y vivir una vida miserable, pero si tú le das la orden desde tu corazón, la mente subconsciente obedecerá como el sirviente más noble, amoroso y servicial. Recuerda que tú eres el creador genético de tu destino.

Desprograma tu subconsciente

Para desprogramar el subconsciente, desde nuestro consciente debemos comenzar a realizar ciertas acciones que lo van a impactar positivamente, para realizar un verdadero perdón, donde los pensamientos negativos, repetitivos, empiecen a disminuir, donde las emociones negativas cedan y los sentimientos de angustia, rabia y odio dejen de tener importancia.

Aprende a estar en el presente

Cuando no estás en el presente, te vas al pasado que te encadena y al futuro que te agobia, y esa es la causa del sufrimiento. Si no te puedes liberar de esos pensamientos negativos que te persiguen porque están sueltos y no sabes cómo manejarlos, no podrás disfrutar de tu presente.

¿Por qué es importante estar en el presente?

¿Qué tiene que ver con el perdón? Porque cuando aprendes a vivir en el presente, entiendes que el pasado ya pasó, que es experiencia, es sabiduría, y que solo tienes este presente para crear la realidad que quieres manifestar. Cuando de verdad estás viviendo en el presente, el sufrimiento desaparece porque él es el resultado de pensamientos de angustia y miedo del pasado o del futuro, y ambos son irreales y ficticios, ninguno de los dos existe, solo están en tu fértil imaginación. Cuando liberas el pasado, tu presente se transforma instantáneamente y se abre un abanico de infinitas posibilidades para tu vida en el futuro.

¿Qué es en realidad vivir en el presente, en el aquí y en el ahora?

Estar en el presente, en el aquí y en el ahora, es muchísimo más que estar físicamente en un lugar; es sentir esa conexión con nuestra esencia, que es divina e imperturbable y que nos brinda la paz interior. Por desgracia, esa paz interior está siempre amenazada y puede ser destruida de manera violenta e inesperada por nuestro gran enemigo, el pensamiento negativo, con sus sentimientos y emociones rencorosos y cáusticos que nos separan y alejan de ese oasis de tranquilidad. Estar en el presente es solo dejar fluir y alinearte con armonía con el flujo de la vida, a pesar de haber perdido el entusiasmo por ella y de creer con terquedad que la vida ya no tiene un sentido, un significado. Todos los seres humanos tenemos la capacidad para disfrutar del momento presente; para mí, esa es la esencia divina, y ella es la que nos empodera para podernos aislar del pasado y del futuro, y nos conecta con todo lo que nos rodea. Si observas a un niño de un año, y lo miras con detenimiento, te das cuenta de que él está por completo conectado con la esencia divina, está en el presente, jugando, disfrutando, y así llueva, truene o relampaguee, seguirá presente en su juego. La esencia divina nos da paz, ya que destruye los pensamientos inconscientes, repetitivos y rencorosos.

La resistencia que tienes a liberarte del pasado es la que te hace sufrir, porque ya sea que perdiste algo bueno o que no lograste conseguir lo que tanto anhelabas, eso ya pasó y no volverá. Solo tienes el momento presente para elegir para tu vida, para crear la realidad que quieres vivir, para disfrutar a plenitud de tu libertad y poder utilizar tu libre albedrío.

Esto me acuerda la historia de un almirante que iba en su buque navegando en una noche lluviosa y tormentosa, cuando vio una lucecita, al parecer de una pequeña embarcación que se acercaba de un modo directo hacia él. Rápido se comunicó por el radio, pidiéndo que la otra embarcación se desplazara 20 grados al Oeste porque se podrían chocar; al cabo de unos minutos recibió una respuesta que decía que el que debía moverse 20 grados al Este era él. Muy ofendido, dijo: "soy almirante de este buque de guerra y yo les ordeno que se desplacen 20 grados al Oeste de inmediato". Al cabo de un rato le responden de la otra embarcación: "yo soy un simple marinero, por favor muévase 20 grados al Este inmediatamente". El almirante se llenó de rabia y mientras insultaba y amenazaba al marinero, se estrelló con violencia contra la otra supuesta embarcación, la cual, para su sorpresa, no era un bote, sino el faro de luz que lo estaba guiando para que siguiera su rumbo sin contratiempo.

Así nos pasa con el rencor; con terquedad no queremos ir hacia la luz del amor a liberar la culpa, a recordar sin dolor, a dejar el pasado atrás, sino que seguimos de manera obstinada creyendo que son los demás los que tienen que perdonar, cambiar y darnos gusto a nosotros. Tozudamente queremos que los demás piensen, hagan y actúen como nosotros queremos.

Entonces, para aprender a vivir en el presente y en realidad disfrutarlo, debemos despojarnos de todos aquellos pensamientos, sentimientos y emociones que no nos dejan disfrutar en verdad lo que llegue a nuestra vida. Cuando hay un evento que nos roba la paz y estamos inconscientes, sufrimos porque los pensamientos están sueltos, giran alrededor de esa situación inesperada todo el tiempo, y se alborotan de tal forma que no existe un solo momento de descanso, ya que todo gira en torno a ese suceso que ocurrió. La misma escena llega a nuestra mente y se repite de manera indefinida. Lo que la gran mayoría de personas hacen para no seguir cavilando y sintiendo el dolor que esa situación les causó es pensar que lo mejor es distraer la mente, por lo que muchas creen que van a sanar haciendo compras, tomando alcohol, ingiriendo drogas, escapando a otra ciudad o país, o simplemente saliendo de fiesta con sus amigos. Cuando la realidad es que, sin importar en dónde te encuentres, si tú llevas tus pensamientos negativos contigo, hagas lo que hagas, vayas a donde vayas, esos pensamientos te acompañarán, te harán sufrir y no te dejarán disfrutar de tu presente.

¿Qué es la presencia divina?

Cuando utilizas la luz de la atención, que es la consciencia, la focalizas y te concentras con todos los sentidos, te desconectas del pasado y del futuro, de manera instantánea haces que el pensamiento negativo pierda poder y entras a estar armónica y presencialmente en el presente. En el presente no hay sufrimiento ni estrés porque estás haciendo lo que estás haciendo y estás por completo involucrado con los sentidos en el momento presente. La presencia divina es igual que cuando estás en la oscuridad y enciendes un fósforo, porque apenas enciendes el fósforo esos pensamientos negativos desaparecen. Es entrar al oasis de tu esencia divina, de tu plena consciencia, que es ese sitio alegre, de paz, que está en tu corazón. Cuando tienes el diálogo interno y focalizas tu atención en un punto específico, logras tener presencia. Al rendirte ante un suceso y no luchar contra esos pensamientos, sino que aceptas esa realidad, y con la luz de tu consciencia, con una atención plena, haces una afirmación creativa contraria a lo que estabas pensando, entras a un punto dentro de tu ser en que esa presencia divina te va a dar armonía, balance y tranquilidad. Cuando te concentras en apreciar lo que tienes alrededor y pones la atención en ver la naturaleza, lo que sucede a tu alrededor, con todos tus sentidos, cuando estás presencialmente consciente en el momento, es que puedes en verdad apreciar el sitio donde te encuentras. El pasado y el futuro te estresan porque estás desconectado, mientras que si estás presente a través de la focalización, de la atención despierta, cualquier actividad que ejecutes será mágica, será maravillosa; por ejemplo, si estás cocinando y estás presente, vas a disfrutar con plenitud de las texturas, los olores, los sabores, disfrutas por completo de toda la creación que se está realizando; si estás haciendo ejercicio al aire libre, disfrutas todas las sensaciones del cuerpo, de la respiración, la sudoración, los latidos del corazón, de cada cosa que ves en la naturaleza, de los olores que llegan y de cada paso que das. Lo ideal es involucrar todos los sentidos para estar presente, sin irte a ningún lado. Eso quiere decir que el pensamiento negativo que te está halando lo neutralizas, focalizando tu atención en lo que haces en el mismo instante presente, sintiendo y experimentando a través de tus sentidos.

¿Cómo encontrar en nuestro interior ese sitio sagrado donde está nuestra esencia y donde hay paz?

Tú eres un templo divino donde habita Dios, y para ingresar a ese templo y disfrutar de esa presencia divina, tienes que dejar el pasado atrás y no enrolarte con el futuro. Para que logres entender, los pensamientos, sentimientos y emociones son como descargas eléctricas que suceden en el exterior, y puedes quedarte a merced de la lluvia y la tormenta, viendo todos esos pensamientos que te hacen daño, o puedes conscientemente salir de ahí y entrar en un lugar donde te protejas de esa tormenta y de esa lluvia; ese lugar está en tu esencia divina. Tienes que entender que todos los sentimientos, pensamientos y emociones son pasajeros. Cuando logras escalar la cima de la montaña, ella es como tu esencia divina, desde allí puedes ver todos los caminos que conducen a la montaña. Cuando estás plenamente consciente, puedes tomar la decision correcta. Desde la cima de la montaña puedes ver todo y decidir qué camino tomar.

¿Qué te conecta con esa luz?

El perdón es como cuando has vivido toda una vida dentro de una caverna, te acostumbras a vivir en la oscuridad, es incómodo, pero un día exploras y ves que arriba de la montaña hay una luz y sales. Al salir a la luz te puedes asustar y devolverte, o en realidad tomas la decisión de salir. Cuando lo haces, la luz es tan fuerte que ella te encandila, por lo que has estado en la oscuridad, pero después de unos minutos, cuando te acostumbras, ya ves los colores, los animales, las plantas, el paisaje, ya no hay poder humano que te haga devolver a vivir en la caverna. Así es el perdón: cuando descubres que en tu interior está esa chispa divina, ese chamán que te da luz, ves cómo es en verdad y encuentras ese espacio sagrado de luz y alegría, ya no quieres salir de ahí. Y eso es lo que permite que una persona que está en la oscuridad busque la luz siempre, sabe que después de la oscuridad viene la luz.

Por eso, cuando sientes un llamado en el corazón, que te dice que hay algo más allá, ve por él y verás que eso es más poderoso que la rabia y la furia que estés sintiendo. Si has vivido tanto en la oscuridad, seguro necesitas descansar: sal y explora. Cuando la persona que vive en la superficialidad o en la oscuridad o en el sufrimiento tiene un chispazo divino, una intuición, una percepción de que hay algo más allá de la mente, más allá del corazón, es cuando comienza a acercarse a aquello sobre lo que todas las religiones se refieren y es el amor. Cuando focalizas la atención con la llama del amor y el entendimiento, puedes convertir ese acto de dolor en un acto sublime de perdón, bondad y misericordia.

• Ejercicio diario para aprender a vivir en el presente

Todos los días y a toda hora tienes miles de oportunidades para desarrollar la atención, practicar la autoobservación y vivir de verdad disfrutando el presente.

Ya sabes que cuando dejas sueltos tus pensamientos, el pasado y el futuro te estresan, porque estás desconectado, entonces debes practicar el estar presente a través de la focalización y de la atención despierta, neutralizando tus pensamientos negativos que te están halando. Para hacer esto, debes focalizar tu atención en cada cosa que haces en el mismo instante presente, sintiendo y experimentando cada acción a través de tus sentidos.

Esto es un hábito poderoso que debes cultivar todos los días, desde el momento en que te levantas hasta cuando te acuestas. Apenas abras los ojos en la mañana debes ser consciente de dar gracias a Dios por un día más de vida, sin importar lo que esté sucediéndote, e inmediatamente abras tus ojos, sonreirás y comenzarás a tener conciencia total de los pensamientos que empiezan a llegar a tu mente. De acuerdo con la rutina diaria que tengas, debes comenzar a ser consciente de cada acción que realices, bien sea que te estés lavando los dientes, haciendo deporte, duchando, cocinando, desayunando, caminando, manejando, o desarrollando tu trabajo, debes comenzar a poner tu atención en eso que estás haciendo con todos tus sentidos, disfrutando al máximo la sensación que llega a tu cuerpo, siendo consciente de cada detalle, cada textura, cada olor, cada forma y cada movimiento. Por ejemplo, si estás caminando en medio de la naturaleza, en lugar de dejar suelto tu pensamiento, debes focalizarte en cada olor que llega a ti, en cada flor que ves, en el bello paisaje que tienes ante tus ojos, en cada animal con el que te tropiezas, en el viento que acaricia tu piel, y mientras caminas vas agradeciendo al creador por la vida y por ese instante maravilloso; si vas manejando camino a tu lugar de trabajo, en lugar de dejar que tu pensamiento esté revoloteando sin sentido, concentra tu atención en lo bueno de tener un auto, en lo bella que es la vida agradeciendo por el trabajo que tienes, en la congestión que puede estar a tu alrededor, dando gracias por estar vivo, sintiendo cada movimiento que das cuando mueves el timón del auto, cuando frenas y aceleras, disfrutando cada instante.

Cambia la percepción errónea de la realidad

Cuando ha sucedido un acontecimiento que no esperabas, que te impacta de un modo negativo y que sabes que no vas a poder cambiar, sufres y sientes que el mundo se derrumba ante tus pies. Lo que te han hecho creer es que esa realidad es la única, que no la puedes mirar desde otro punto de vista y que no la puedes aceptar, cuando lo que debes hacer es justo dejar de luchar con terquedad contra eso que pasó y elegir conscientemente cambiar la forma de mirar los acontecimientos. Cuando cambias la forma de mirar las cosas, de manera instantánea las cosas cambian su forma.

Te voy a dar un ejemplo para que logres entender y lo puedas aplicar a tu vida.

1. Situación normal, donde no hay control de pensamientos ni emociones: durante un tiempo has tenido una relación amorosa estable y perfecta, donde reina el amor. De un día para otro, te das cuenta sorpresivamente de que tu pareja te es infiel y sostiene una

relación paralela con otra persona. En ese momento sientes que el mundo se acaba y el dolor que te causa esa realidad es muy profundo. Comienzas a tener emociones negativas, dolorosas, creas videos imaginarios en tu mente sobre todo lo que sucedió, unes cabos, tratas de explicarte en tu interior lo que pasó, y tus pensamientos y emociones se salen de control debido al miedo, desatando la ira y un intenso dolor, entrando en una profunda tristeza, ocasionada por el vacío que esto te causa. En ese momento sientes que no hay salida, y el rencor y el resentimiento hacen su aparición, te puedes enfermar y tu vida deja de tener sentido. Lo descrito anteriormente es lo que por lo general sucede en este tipo de situaciones, donde los pensamientos y emociones están sueltos sin control debido al apego que se tiene por esa persona.

2. Cambio de percepción y manejo de pensamientos y emociones: una vez sucede la infidelidad y descubres que tu pareja tiene una relación paralela, puedes de manera consciente hacer un alto en el camino, y preguntarte cómo puedes mirar esa realidad de una forma diferente, sacando lo mejor de esa vivencia, para aprender de ella. Magnificando el error y minimizando las cualidades de esa persona, podrás ver la realidad de lo que era ella, y podrás empezar a ver las cosas buenas de ya no estar en esa relación, disfrutando del cambio, de lo nuevo que llega a tu vida, de tu nueva libertad personal, liberándote de

los miedos y apegos que no te dejaban hacer muchas cosas que querías, retornando a tus *hobbies*, a tus amistades, y recuperando tu propia territorialidad. Cuando lleguen pensamientos de miedo a la soledad y al fracaso, debes dar gracias por tener la vida, expresar gratitud con Dios por todo lo que te da. Al hacer todo esto, esas creencias ideales y ese imaginario que tenías sobre esa relación se desmoronan al instante, pierden su fuerza, y te das cuenta de que eran falsos, no te convenían, y lo que habías hecho era idealizar y endiosar a quien simplemente era un ser humano de carne y hueso lleno de defectos y fragilidades. En ese momento podrás con facilidad perdonar, soltar, liberar y sanar las heridas del alma, porque el miedo perderá su fuerza.

Lo más importante después de cambiar la percepción es tomar la decisión de actuar con voluntad férrea de inmediato, para no volver a caer en el círculo vicioso del rencor y del sufrimiento. Si ya has detectado la raíz de tu sufrimiento y no eliges salir de ahí, de esa zona de confort, la tristeza te puede invadir, y esta se convierte fácilmente en sufrimiento o depresión.

Esta es una de las herramientas más simples y eficientes para liberarte del sufrimiento causado por el rencor, el resentimiento o la sed de venganza. Puedes usarla en cualquier tipo de situación por la que atravieses. Es solo ponerla en práctica y adquirir el hábito de realizarla cada vez que algo te afecte o impacte de un modo negativo. Apenas adquieras el arte de manejarla, tu vida cambiará, porque ya no sufrirás ni reaccionarás con violencia ante las situaciones externas, sino que desde tu interior, con tranquilidad, decidirás cómo manejar esas situaciones sin que te afecten.

Reemplaza tus creencias limitantes por unas creencias liberadoras

Debes entender que tú mismo eres quien origina tus problemas emocionales debido a todos tus rencores, resentimientos, odios, sed de venganza y miedos, los cuales están impactados por tus propias creencias, por lo que, sin duda, tú eres quien puede cambiar eso que creaste, cambiando tus creencias por unas que te brinden paz.

Lo primero que debes hacer es identificar aquella creencia limitante, es decir, la información que te ha entrado en el subconsciente a través de la repetición continua realizada por ti de manera consciente o inconsciente desde que te sucedió el evento que te impactó negativamente. Para lograr descubrir esto, debes tomar consciencia de que ese vicio o ese hábito negativo de pensar con rabia hacia esa situación o la persona involucrada en ella es lo que te está causando todo el rencor y la enfermedad. El problema es que mientras más pienses en eso que te sucedió, más energía le pones y más lo grabas en el subconsciente. Debes entonces identificar la resistencia que tienes a aceptar eso que sucedió, porque ahí encontrarás la creencia que aún ocupa tu mente, razón por la cual estás sufriendo.

Ejemplo: si tienes una relación estable con tu pareja y ella de un momento para otro te es infiel, tú comienzas a pensar todo el tiempo en ese suceso, "armando videos" alrededor de todo lo que pasó, y empiezas a alimentar tu subconsciente negativamente. Debes entonces identificar la creencia que tenías acerca de esa relación y del comportamiento de tu pareja, quizá tú creías que ella era fiel, leal a ti, y que jamás se iría con otra persona. Tú sufres porque esa creencia se desbarató debido al comportamiento de la otra persona y comienzas a tener una resistencia a la realidad, debido a eso que creías. Ahí es cuando, para no angustiarte y seguir sufriendo, debes cambiar de creencia por una liberadora y transformadora como: soy feliz, independiente de lo que haga mi pareja; esto que sucedió es una experiencia y agradezco a la vida que conocí cómo era en verdad esa persona; soy libre, disfruto de mi tranquilidad. Lo que tienes que entender es que detrás de esa creencia siempre está instalado el miedo a perder el control de esa situación, y tienes que entender que dicha situación es una percepcion errónea de la realidad, porque la estás viendo a través del filtro contaminado de tus sentidos, que han sido programados de manera inconsciente. El sufrimiento es directamente proporcional a la intensidad emocional con la que te involucres con la situación que sucedió. Esa impotencia de no poder controlar lo que sucede en el exterior, es lo que te hace sufrir o te desgasta emocionalmente; por eso debes dejar de resistirte, aceptar el perdón en tu vida y crear una nueva creencia que te lleve a la paz interior.

Una vez has encontrado la creencia nueva que quieres permear en tu subconsciente, desde tu consciente debes comenzar a afirmarla en positivo, a visualizarla, sentirla, experimentarla como si fuera una realidad. Para hacer esto, y que de verdad entre en tu subconsciente, debes hacer la siguiente práctica: levanta tu mano derecha apuntando hacia el cielo, coloca tu mano izquierda encima de tu corazón y con los ojos cerrados mira la creencia que te causa sufrimiento, como si la estuvieras viendo en una pantalla de televisión, como si estuvieras viendo una película; quítale el color, déjala en blanco y negro, déjala en pausa y comienza a verla cada vez más retirada, más lejana, hasta verla en miniatura. Inhalas profundo, colocas la mano izquierda sobre los ojos y levantas tu mano derecha apuntando hacia el cielo, y empiezas a dirigir tu mirada, aun con los ojos cerrados, hacia donde tu mano derecha está apuntando, imaginando con ingenio la nueva creencia transformadora y revitalizadora que has creado, visualizándola a todo color y con todos los detalles, involucrando todos tus sentidos; la palpas, la sientes, la hueles, la experimentas al límite, y sonriendo afirmas esa nueva creencia en voz alta. Recuerda que tu mente subconsciente es por completo visual, holográmica y repetitiva.

Ejemplo: si tu creencia era que sin esa persona no podías ser feliz, con los ojos cerrados te vas a ver en esa pantalla de televisión arrodillado mendigando amor y suplicando porque esa persona no se vaya de tu vida. Le quitas el color a esa situación, le das pausa y la comienzas a ver cada vez más lejos en esa pantalla, hasta que se vea en miniatura. A continuación, si tu nueva creencia es que eres feliz siendo libre, sin apegos y sin miedos, entonces debes inhalar, colocar la mano izquierda sobre los ojos y levantando la mano derecha apuntando hacia el cielo, te imaginas saltando de la felicidad, lleno de la alegría de ser libre, en un sitio que te dé mucha tranquilidad. Ves esa escena a todo color, hueles el sitio donde estás, sientes el viento acariciando tu piel y el sol calentando tu cuerpo. Mientras más emoción le pongas a ese sentimiento de plenitud, más se anclará en tu mente subconsciente. Por último, sonriendo, repites en voz alta nueve veces tu nueva creencia: soy feliz, disfruto con plenitud de mi libertad y elijo el amor como camino para perdonar. Cuando tienes una emoción de alegría, esa emoción hace que se manifieste, que se cocree esa creencia.

Con esta técnica desprogramas la conexión neuronal y el patrón de pensamiento inconsciente, negativo y repetitivo con el que habías alimentado la creencia que te estaba haciendo daño, creando así un nuevo patrón de pensamiento liberador y potencializador que transformará tu campo energético y lo llevará a vibrar en una frecuencia más alta, que es la frecuencia del perdón y del amor, liberándote de la programación y de los apegos y miedos que te hacían sufrir.

Cuando eliges conscientemente liberar, soltar y perdonar a través del amor, vas a encontrar felicidad; de lo contrario, todo lo que hagas será desgastante.

Ritual de liberación y cierre

Para poder hacer un cierre final y comenzar una vida libre de resentimientos, rencores y sed de venganza, vas a realizar una técnica ancestral de perdón, liberación, sanación y transmutación de la energía que te está bloqueando, desbalanceando y causando sufrimiento, y a través de este proceso podrás entrar en contacto con tu esencia divina, que es el amor, para aprender a perdonarte a ti mismo, y así perdonar y recordar sin rencor a los demás. Al conectarte con tu esencia divina, que es Dios, de manera instantánea limpiarás el origen de estos problemas, que están basados en tus creencias, recuerdos y memorias, neutralizando así la energía que tú has depositado inconscientemente en esa persona a la que estás apegada.

Cierra tus ojos. Colócate sentado con comodidad, con la columna recta y erguida. Inhala profundo por tu nariz, une los dedos índices de tus manos con los dedos pulgares formando un triángulo; lleva tus manos a tu corazón; con el triángulo hacia abajo, piensa en esa persona a la que tú inconscientemente le has dado el poder de perturbarte y hacerte sufrir; llévala a tu entrecejo y di en voz alta:

Lo siento mucho, perdóname, te amo desde el fondo de mi corazón, gracias por haber existido en mi vida, hoy te libero, te libero y te dejo en manos de Dios. Mientras vas diciendo te libero, tiras las manos hacia adelante y sueltas el triángulo. Esto lo debes repetir tres veces. Será entonces cuando comiences un nuevo camino. Bienvenido y bienvenida a la mejor parte de tu nueva vida.